Die Weisheit Salomos

Übersetzt und eingeleitet
von Felix Albrecht

Vandenhoeck & Ruprecht

Mit 2 Abbildungen

Bibliografische Information der Deutschen Nationalbibliothek

Die Deutsche Nationalbibliothek verzeichnet diese Publikation in der Deutschen Nationalbibliografie; detaillierte bibliografische Daten sind im Internet über http://dnb.d-nb.de abrufbar.

ISBN 978-3-525-53464-9

Weitere Ausgaben und Online-Angebote sind erhältlich unter: www.v-r.de

Druck und Bindung: ⊕ Hubert & Co, Göttingen

Gedruckt auf alterungsbeständigem Papier.

V&R Academic

Kleine Bibliothek der antiken jüdischen und christlichen Literatur

Herausgegeben von Jürgen Wehnert

Vandenhoeck & Ruprecht

Prof. Dr. Dr. Dr. h.c. Dr. h.c. Robert Hanhart

zum 90. Geburtstag

in größter Anerkennung gewidmet

Inhalt

Einleitung

Die „Weisheit Salomos" oder lateinisch *Sapientia Salomonis* gehört zu den sprachlich anspruchsvollsten Schriften des griechischen Alten Testaments. Sie berührt zeitlose theologische und philosophische Fragestellungen – wie das Schicksal des Menschen nach dem Tod oder das angemessene Verhalten im menschlichen Miteinander. So ist der Schrift ihr hohes Alter von 2000 Jahren kaum anzumerken, und unverändert gilt Martin Luthers Urteil: „Es ist viel guts dinges drinnen, und wol werd, das mans lese"![1]

Im Zuge des jüdischen Freiheitskampfes im 2. Jahrhundert v. Chr. avancierte Salomo zum Inbegriff des idealen Herrschers. Denn er verkörperte, was man im zeitgenössischen Judentum ersehnte: religiöse Eigenständigkeit, politischen Frieden und die Einheit des jüdischen Volkes. Ihn erhob die wohl kurz vor der Zeitenwende entstandene „Weisheit Salomos" zu ihrem Verfasser. Er galt als der Weiseste aller Weisen, der sich nach biblischer Tradition durch sein gerechtes Urteilsvermögen auszeichnete.

Ihren Ausgangspunkt nimmt die Schrift darin, dass sie das Schicksal des beispielhaften Gerechten nach dessen Tod eingehend veranschaulicht. Als Schlüssel zur Gerechtigkeit fungiert die Weisheit. Ihr ist ein langer Lobpreis gewidmet, ein fulminantes Plädoyer für die Rechtfertigung des Menschen allein aus Weisheit! Weisheit durchwaltet das All. Sie lenkt und leitet durch Zeit und Raum. Die „Weisheit Salomos" beleuchtet dies anhand des Exodus, Israels Auszug aus Ägypten in die Freiheit und Eigenständigkeit. Sie tut das in Form einer großangelegten Geschichtsschau, die mehr als die Hälfte der Schrift umfasst und auf die Heimat der „Weisheit Salomos" im ägyptischen Judentum verweist.

Das vorliegende Büchlein leitet in diese Schrift ein und bietet eine neue Übersetzung aus dem Griechischen ins Deutsche.

---

[1] Heinrich Ernst Bindseil / Hermann Agathon Niemeyer: Dr. Martin Luthers Bibelübersetzung, Teil 7, Halle 1855, S. 415.

Überlieferung

Die „Weisheit Salomos“ ist unter dem Namen König Salomos im Kanon der Septuaginta überliefert. Unter der Septuaginta ist eine Sammlung von griechischen Schriften zu verstehen, die zunächst den Juden und späterhin den Christen als heilig galt. Überwiegend handelt es sich um Übersetzungen der hebräischen Bücher des Alten Testaments ins Griechische. Neben diesen Übersetzungen, die mehrheitlich in den ersten drei vorchristlichen Jahrhunderten entstanden, enthält die Septuaginta auch Schriften, die von Anfang an auf Griechisch verfasst wurden. Zu ihnen zählt die „Weisheit Salomos“. Ihrer Gattung nach ist sie den Weisheitsbüchern der Septuaginta zuzurechnen. Diese Bücher umfassen zum einen solche, die unzweifelhaft zum Kanon zählen, die sogenannten (proto-)kanonischen Schriften. Es sind dies die drei Salomo zugeschriebenen Werke (Sprüchebuch, Koheletbuch und Hoheslied) sowie das Hiobbuch. Zum anderen befinden sich unter den Weisheitsbüchern der Septuaginta Schriften, deren Zugehörigkeit zum Kanon der biblischen Bücher angezweifelt wird und die deshalb nicht von allen Christen als kanonisch anerkannt werden, die sogenannten deuterokanonischen Schriften. Hierzu zählen das Sirachbuch und eben die „Weisheit Salomos“.

Aufbau und Gliederung

Die „Weisheit Salomos“ lässt sich in drei Hauptteile gliedern: Der *erste Teil* (Weish 1–5) thematisiert den Gegensatz von Gerechten und Gottlosen und plädiert für ein Leben in Gerechtigkeit und Rechtschaffenheit als Weg zu ewigem Heil: „Die Seelen der Gerechten aber sind in Gottes Hand“ (Weish 3,1).[2] Der Hauptteil ist von drei Vergleichen zwischen Gottlosen einerseits und Gerechten andererseits bestimmt (Weish 2,21–4,20), die von zwei fiktiven Reden der Gottlosen gerahmt werden (Weish 1,16–2,20; 5,1–14). Die Struktur ist konzentrisch.

---

[2] Johannes Brahms (1833–1897) hat in seinem *Deutschen Requiem* diesen Vers am Ende des dritten Satzes – in der Übersetzung Martin Luthers – in den Mund des Chores gelegt und ihm dadurch zu größerer Bekanntheit verholfen.

Der *zweite Teil* (Weish 6–9) kreist um die Weisheit; er erscheint in weiten Teilen als Rede König Salomos (Weish 7–9) und endet mit Salomos Gebet um Weisheit (Weish 9), das den Auftakt und die Überleitung zum Schlussteil darstellt. Weish 9,18 bildet dabei die Klammer, die den zweiten mit dem dritten Teil verbindet und auf literarischer Ebene das Folgende als aus dem Munde Salomos gesprochen erscheinen lässt.

Der *dritte Teil* (Weish 10–19) setzt mit einem Lob der Weisheit ein, das im Zentrum der gesamten Schrift steht und den Schlüssel für das Verstehen der Folgekapitel liefert (Weish 10). Es schließen sich zwei Einschaltungen an: Die erste behandelt Gottes Gerichtswirken (Weish 11,2–12,27), die zweite anhand einer Reihe von Beispielen den Götzendienst oder das erste Gebot (Weish 13–15).[3] Darauf folgen Vergleiche zwischen dem Strafhandeln Gottes an Ägypten und seinen Wohltaten an Israel. Ein Schlussvergleich stellt den Fremdenhass der Sodomiten dem der Ägypter gegenüber (Weish 19,13–17). Den krönenden Schluss der Schrift bilden hymnische Aussagen zur kosmischen Ausgewogenheit des göttlichen Heils- und Strafhandelns (Weish 19,18–21).

Gattung und Charakter

Die „Weisheit Salomos" ist der jüdisch-hellenistischen Weisheitsliteratur zuzuordnen. Zu dieser zählen neben den Weisheitsbüchern der Septuaginta Schriften wie das dritte und vierte Makkabäerbuch oder der um die Zeitenwende anzusetzende Pseudo-Phokylides. Die „Weisheit Salomos" ist eine genuin griechische Schrift, die im Unterschied zu den meisten Schriften des griechischen Alten Testaments keine hebräische Vorlage besitzt. Durch ihr hohes Sprachniveau hebt sie sich überdies von den übrigen Schriften der Septuaginta ab. Ihre Sätze sind kunstvoll, teils rhythmisch gestaltet und zeichnen sich durch eine mannigfaltige und eigenwillige Wortwahl aus.

[3] Schon Martin Luther (1483–1546) konstatiert im Blick auf die gesamte „Weisheit Salomos": „Zu letzt ist dies Buch eine rechte auslegung, und Exempel des ersten Gebots" (Heinrich Ernst Bindseil / Hermann Agathon Niemeyer: Dr. Martin Luthers Bibelübersetzung, Teil 7, Halle 1855, S. 416).

Im Zentrum der „Weisheit Salomos" steht die Weisheit (Weish 6–9). ‚Weisheit' ist ein Begriff, der zur damaligen Zeit Juden und Heiden gleichermaßen verständlich und geläufig war. Über ihn ließ sich auf ansprechende Weise für den jüdischen Glauben werben. Zweierlei ist für den jüdischen Glauben von zentraler Bedeutung: ein gerechtes Leben als Folge der Gesetzesobservanz und das Exodusgeschehen, namentlich der Auszug des Volkes Israel aus Ägypten. Beides thematisiert die „Weisheit Salomos": Um die Gerechtigkeit kreist der erste Teil (Weish 1–5), der gleich zu Anfang die Tugend der Gerechtigkeit programmatisch aufgreift und um sie wirbt: „Liebt Gerechtigkeit" (Weish 1,1). Den Exodus hat der umfangreiche Schlussteil zum Thema (Weish 10–19), der unter das Vorzeichen der Weisheit gestellt ist, die die Geschicke lenkt und leitet, wie das „Lob der Weisheit" (Weish 10) eingangs illustriert. Aufgrund ihres werbenden Charakters fällt die „Weisheit Salomos" am ehesten in die Gattung einer „Werbeschrift".

Zeit und Ort der Abfassung

Die mit Alexander dem Großen einsetzende Epoche des Hellenismus führte zu großen politischen und gesellschaftlichen Veränderungen. Der Alexanderzug hatte den geographischen Horizont enorm erweitert. Neue Länder wurden erschlossen, neue Kulturen entdeckt. Der heute gängige Begriff der Globalisierung vermag, wenngleich anachronistisch, die damaligen Zustände annähernd zu beschreiben. Die ständigen Herrschaftswechel infolge der Auseinandersetzungen um die Nachfolge Alexanders des Großen führten in der Bevölkerung schließlich zu einer regelrechten Politikverdrossenheit. Der einzelne Mensch fühlte sich angesichts der neuen Lebensumstände gleichsam verloren und suchte Orientierung. So kam die Frage nach dem Schicksal des Einzelnen in den Blick, die von den zeitgenössischen Philosophien unter der Fragestellung nach dem individuellen Glück aufgeworfen wurde. Eine Frage, die zwar Stoikern, Epikuräern und Skeptikern gemein war, von ihnen aber je unterschiedlich beantwortet wurde.

Das Judentum sah sich in Konkurrenz zu philosophischen Entwürfen und religiösen Alternativen und versuchte, mit seiner Theologie und Ethik ebenfalls Antwort auf die brennenden Fragen der Zeit zu geben. Die „Weisheit Salomos" kann als ein solcher Versuch verstanden werden, die jüdische Heilsbotschaft auf dem hellenistischen ‚Markt der Möglichkeiten' anzubieten und für sie zu werben.

Das Judentum knüpft einerseits an seine Anfänge und Ursprünge an; in der „Weisheit Salomos" ist dies die Gestalt des legendären König Salomos und der Auszug aus Ägypten. Andererseits transformiert es seine Heilsbotschaft, die – in Abgrenzung zu den anderen Heilsangeboten – darin besteht, die Überlegenheit des eigenen Gottes und die Erwähltheit des eigenen Volkes zu erweisen, in die Bildungssprache der damaligen Zeit: das Griechische. Die griechische Übersetzung des hebräischen Alten Testaments, namentlich die Septuaginta, gibt davon eindrücklich Zeugnis.

Zusammen mit dem zweiten, dritten und vierten Makkabäerbuch gehört die „Weisheit Salomos" zu den jüngsten Schriften der Septuaginta. Aufgrund der Sprachgestalt liegt eine Entstehung in der frühen römischen Kaiserzeit nahe, das heißt im ausgehenden 1. Jahrhundert v. Chr. Auch zur Lokalisierung der Schrift trägt das sprachliche, hellenistisch geprägte Gewand der „Weisheit Salomos" entscheidend bei und spricht für Alexandria, das Zentrum des hellenistischen Judentums, als Abfassungsort. Vor allem die im dritten Teil der Schrift breit abgehandelte Exodusthematik sowie die mehrfache Polemik gegen den ägyptischen Tierkult[4] geben Hinweis auf die Verortung der „Weisheit Salomos" im alexandrinischen Judentum.

Zwischen den Testamenten

Nicht nur von ihrer zeitlichen Einordnung her, sondern auch im Blick auf ihre Theologie steht die „Weisheit Salomos" zwischen den Testamenten, an der Schnittschnelle von Altem und Neuem Testament. Neben der oft beobachteten Nähe der „Weisheit Salomos" zu den Briefen des Apostels Paulus sind allen voran die Berührungspunkte zwischen dem Prolog des Johannesevangeliums (Joh 1,1–14) und Weish 18 bemerkenswert. An beiden Stellen findet sich die Vorstellung von der Personifikation des Wortes, die in Joh 1,14 kulminiert: „Und das Wort ward Fleisch". Die Nähe beider Stellen dürfte schon früh wahrgenommen und das „Wort" der „Weisheit Salomos" auf Christus gedeutet worden sein. Immerhin findet sich

[4] Vgl. Weish 11,15; 12,23–27; 13,10; 15,18–19.

Weish 18,14–15 im *Graduale Romanum* als Antiphon zum „Sonntag in der Weihnachtsoktav". Auch das „Evangelische Gottesdienstbuch" kennt jene Textstelle als Leitvers für die Christnacht. Bei all dem ist es durchaus denkbar, ja sogar wahrscheinlich, dass die Zusammenstellung beider Bibelstellen bereits in der altkirchlichen Tradition verankert war.

Eine Schrift an den Adel?

Bei der Frage nach den Adressaten der „Weisheit Salomos" ist zwischen den realen und den literarisch-fiktiven zu unterscheiden. Literarisch werden „Richter der Erde" (Weish 1,1), „Könige" (6,1) und „Herrscher" (6,9; vgl. 6,21) angesprochen. Demnach richtet sich der fiktive Verfasser Salomo an seinesgleichen. Die realen Adressaten sind hingegen wohl am ehesten in den weltlichen Teilen und im heidnischen Umfeld des alexandrinischen Judentums zu suchen. Dafür spricht das Werben um die Gerechtigkeit im ersten und die umfangreiche Verherrlichung des legendären Auszugs aus Ägypten im letzten Teil. Dass gerade in der Schilderung des Exodusgeschehens, wie in der gesamten Schrift, die Personen der biblischen Geschichte zu bloßen Typen stilisiert werden, ohne dass eine einzige namentlich genannt wird, zeigt, dass bei den Leserinnen und Lesern eine Grundkenntnis der alttestamentlichen Schriften vorauszusetzen ist. Ansonsten bliebe der Text der „Weisheit Salomos" in weiten Teilen unverständlich.

Da die „Weisheit Salomos", wie Hieronymus bezeugt, von manchen für eine Schrift des zur Zeit Jesu lebenden jüdischen Religionsphilosophen Philo von Alexandria gehalten wurde, erklärt sich, dass diese weitgehend unkommentiert blieb. Die beiden einzigen griechischen Kommentierungen entstammen byzantinischer Zeit (Malachias Monachus, Matthaeus Cantacuzenus); ebenfalls aus byzantinischer Zeit ist ein armenischer Kommentar des Nerses von Lambron erhalten. Matthaeus Cantacuzenus (1325–1391) war byzantinischer Kaiser, Erzbischof Nerses von Lambron (1153–1198) Angehöriger des hethumidischen Hochadels, aus dem in der Folgezeit die Herrscher des mittelalterlichen Königreichs Kleinarmenien hervorgingen. Ruft man sich angesichts dessen den literarisch-fiktiven Adressatenkreis der „Weisheit Salomos", der eben gerade auf Herrscher und Fürsten abzielte, ins Gedächtnis, dann nimmt es nicht wunder, dass insbesondere der „Weisheit Salomos" gerade von Seiten des Adels – von Matthaeus Cantacuzenus bis Maximilian von Sachsen[5] – auffallende Beachtung geschenkt wurde: Salomo galt als idealer Herrscher!

Zuschreibung an Salomo

Sowohl „Gerechtigkeit" als auch „Weisheit" sind nach biblischer Auffassung unmittelbar mit König Salomo assoziiert. Schon in der ältesten Überlieferung wird Salomo mit der Weisheitsvorstellung in Zusammenhang gebracht; immerhin gilt er als Verfasser des alttestamentlichen Sprüchebuchs oder zumindest größerer Teile daraus. Überdies steht er für die Tugend der Gerechtigkeit. Am eindrücklichsten ist das am „Salomonischen Urteil" (1. Kön 3,16–28) abzulesen, das ihn als den gerechten Richter schlechthin schildert. Insofern ist die Zuschreibung der „Weisheit Salomos" an den legendären König in doppelter Hinsicht verständlich.

Illustration des „Salomonischen Urteils" (1. Kön 3,16–28) nach einem Kupferstich bei Johannes Ernst Grabe / William Wigan: Vetus Testamentum ex versione Septuaginta interpretum, Bd. 3, Oxford 1720.

---

[5] Prinz Maximilian von Sachsen (1870–1951) gab die Kommentare des Erzbischofs Nerses von Lambron zum Sprüche- und Koheletbuch heraus.

Literatur

Die Ausgabe Joseph Zieglers hat der Forschung eine solide Textbasis beschert. Der von ihm gebotene Text und dessen Gliederung liegen der vorliegenden Übersetzung zugrunde: Joseph Ziegler (Hg.): Sapientia Salomonis (*Septuaginta. Vetus Testamentum Graecum Auctoritate Academiae Litterarum Gottingensis editum* XII/1), Göttingen [2]1980.

Felix Albrecht: Die alexandrinische Bibelübersetzung. Einsichten zur Entstehungs-, Überlieferungs- und Wirkungsgeschichte der Septuaginta, in: Tobias Georges / Felix Albrecht / Reinhard Feldmeier (Hg.): Alexandria (*Civitatum Orbis MEditerranei Studia* 1), Tübingen 2013, 209–243.

Helmut Engel: Das Buch der Weisheit (*Neuer Stuttgarter Kommentar* 16), Stuttgart 1998.

Detlef Hecking / Gabriele Waldmüller-Isenegger / Angela Wäffler-Boveland: Sehnsucht nach Gerechtigkeit. Denken und Handeln nach dem Buch der Weisheit (*WerkstattBibel* 3), Stuttgart 2002.

Hans Hübner: Die Weisheit Salomos (*Das Alte Testament Deutsch. Apokryphen* 4), Göttingen 1999.

Otto Kaiser: Anknüpfung und Widerspruch. Die Antwort der jüdischen Weisheit auf die Herausforderung durch den Hellenismus, in: Ders.: Gottes und der Menschen Weisheit (*Beihefte zur Zeitschrift für die alttestamentliche Wissenschaft* 261), Berlin u.a. 1998, 201–216.

Hermann Spieckermann: Der Gerechten Seelen sind in Gottes Hand. Das Buch der Sapientia Salomonis, in: Ders.: Lebenskunst und Gotteslob in Israel. Anregungen aus Psalter und Weisheit für die Theologie (Forschungen zum Alten Testament 91), Tübingen 2014, 141–164.

Dank

gebührt in besonderer Weise dem Herausgeber der Reihe, Prof. Dr. Jürgen Wehnert, für die kritische Durchsicht des Manuskripts!

Übersetzung

Gliederung

1–5 Erster Teil – Gerechtigkeit als Richtschnur

1,1–15 *Einleitung*
- 1,1–10 Liebt Gerechtigkeit, ihr Richter!
- 1,11–15 Hütet euch!

1,16–2,20 *Die gegenwärtige Rede der Gottlosen*

2,21–4,20 *Gottlose verglichen mit Gerechten*
- 2,21–3,9 Tod den Gottlosen und Schutz den Gerechten
  - 2,21–24 Tod und Teufel den Gottlosen
  - 3,1–9 Schutz und Trutz den Gerechten
- 3,10–4,6 Fluch den Gottlosen und Segen den Kinderlosen
- 4,7–20 Das Schicksal des Gerechten und der Gottlosen
  - 4,7–15 Das Schicksal des Gerechten
  - 4,16–20 Das Schicksal der Gottlosen

5,1–14 *Die künftige Rede der Gottlosen*

5,15–23 *Schluss – Gott als Krieger*

6–9 Zweiter Teil – Weisheit als Lernziel

6 *Einleitung*
- 6,1–11 Hört, ihr Könige, lernt, ihr Richter!
- 6,12–25 Weisheit ist herrlich, Bildung bereichert

7–9 *König Salomo*
- 7,1–14 Ich, König Salomo
- 7,15–22a Mein Wissen
- 7,22b–8,1 Weisheit ist geistreich
- 8,2–21 Meine Liebe zur Weisheit
- 9,1–18 Mein Gebet

10–19 Dritter Teil – Rettung durch Weisheit

10,1–11,1 *Lob der Weisheit*
- 10,1–14 Von Adam bis Joseph
- 10,15–11,1 Israels Auszug aus Ägypten

11,2–12,27 *Gottes Gericht*

- 11,2–12,1 Gericht an Ägyptern, Wohltaten an Israel
- 12,2–18 Gericht an den Kanaanäern
- 12,19–21 Sorgfalt im Gericht
- 12,22–27 Härte im Gericht

13–15 *Götzendienst und Götzendiener*

- 13,1–9 Nichtige Menschen mit mangelnder Gotteserkenntnis – ein Gottesbeweis
- 13,10–15,19 Unglückliche Menschen mit toter Hoffnung – eine Reihe von Beispielen
  - 13,11–19 Der Holzbildhauer
  - 14,1–11 Der Seefahrer
  - 14,12–21 Der trauernde Vater
  - 14,22–31 Die marode Gesellschaft
  - 15,1–6 Einschub: Gottes Güte und Erbarmen
  - 15,7–19 Der Töpfer

16,1–19,12 *Israeliten verglichen mit Ägyptern*

- 16,1–4 Wachteln statt Ungeziefer
- 16,5–14 Schlangen statt Stechfliegen und Heuschrecken
- 16,15–23 Manna statt Blitz und Hagel
- 16,24–29 Einschub: Die Schöpfung ist dem Schöpfer untertan
- 17,1–18,4 Finsternis und Licht
  - 17,1–21 Nacht umfängt die Gesetzlosen
  - 18,1–4 Licht umfängt die Frommen
- 18,5–25 Tod in Ägypten und Tod in der Wüste
  - 18,5–19 Die Gottesstrafe vor dem Auszug
  - 18,20–25 Die Gottesstrafe nach dem Aufstand in der Wüste
- 19,1–12 Entscheidung am Roten Meer
  - 19,1–5 Untergang der Ägypter
  - 19,6–12 Durchzug der Israeliten

19,13–17 *Sodomiten verglichen mit Ägyptern*

19,18–22 *Schluss*

- 19,18–21 Harmonie der Elemente
- 19,22 In allem hast du dein Volk groß gemacht und verherrlicht!

Weisheit Salomos

I. Gerechtigkeit als Richtschnur (1–5)

Einleitung (1,1–15)

Liebt Gerechtigkeit, ihr Richter! (1,1–10)

1,1. Liebt Gerechtigkeit, ihr Richter der Erde,
denkt über den Herrn in Güte nach
und sucht ihn mit Redlichkeit des Herzens!
1,2. Denn gefunden wird er von denen,
die ihn nicht hinterfragen,
offenbar aber denen, die ihm nicht misstrauen.
1,3. Denn krumme Gedanken trennen von Gott,
und, auf die Probe gestellt, überführt
die Macht die Unverständigen.
1,4. Denn in eine boshafte Seele wird
die Weisheit nicht eingehen
und in einem der Sünde verfallenen Leibe nicht wohnen.
1,5. Denn ein heiliger Geist der Gelehrsamkeit
wird Arglist fliehen
und von unverständigen Gedanken fernbleiben
und überführt werden, wenn Unrecht naht.
1,6. Denn Weisheit ist ein menschenfreundlicher Geist
und wird einen, der mit seinen Lippen lästert,
nicht ungestraft lassen;
denn Gott ist Zeuge seiner Nieren[1]
und wahrer Obwalter seines Herzens
und Hörer der Zunge.
1,7. Denn Geist des Herrn hat den Erdkreis erfüllt,
und der das All umfassende Geist hat Kenntnis der Stimme.

---

[1] Die Nieren stehen übertragen für die Gesinnung des Menschen, die nur Gott zu durchschauen vermag.

1,8. Deshalb soll keiner, der Unrecht redet, verborgen bleiben,
und das überführende Recht
soll ihn gewiss nicht übergehen!
1,9. Denn über die Ratschlüsse des Gottlosen
wird es eine Untersuchung geben,
seiner Worte Kunde aber wird zum Herrn gelangen
zum Beweis seiner Gesetzeswidrigkeiten;
1,10. denn ein Ohr von Eifer[2] hört alles,
und das Gemurmel des Murrens bleibt nicht verborgen.

Hütet euch! (1,11–15)

1,11. Hütet euch denn vor unnützem Murren
und hütet eure Zunge vor Verleumdung;
denn heimliche Rede wird nicht folgenlos ausgehen,
lügender Mund aber die Seele vernichten!
1,12. Sucht nicht Tod im Irrwahn eures Lebens
und zieht euch nicht Vernichtung
mit Werken eurer Hände zu;
1,13. denn Gott hat den Tod nicht gemacht,
auch erfreut er sich nicht am Untergang der Lebenden.
1,14. Denn er hat das All zum Sein geschaffen,
und heilvoll sind die Schöpfungen der Welt,
weder ist in ihnen Gift der Vernichtung
noch ist des Hades Königsherrschaft auf der Erde.
1,15. Denn Gerechtigkeit ist unsterblich.

Die gegenwärtige Rede der Gottlosen (1,16–2,20)

1,16. Gottlose aber riefen den Tod
mit Händen und Worten herbei,
weil sie ihn für einen Freund hielten,
verzehrten sie sich nach ihm
und schlossen einen Pakt mit ihm,
denn sie sind es wert, zu dessen Teilbereich zu gehören.
2,1. Denn sie sprachen bei sich,
weil sie nicht ganz bei Trost waren:

---

[2] Das „Ohr von Eifer“ spielt auf Gott an.

„Kurz und traurig ist unser Leben,
und am Lebensende eines Menschen ist keine Heilung,
und bekanntlich keiner, der aus dem Hades befreit.
2,2. Denn unvorbereitet sind wir entstanden,
und danach werden wir sein, als wären wir nie gewesen;
denn Dampf ist der Atem in unserer Nase,
und das Wort ein Funke unseres Herzschlags;
2,3. nachdem er verloschen ist, wird der Leib zu Asche zerfallen
und der Geist wie dünne Luft zerstieben.
2,4. Und unser Name wird mit der Zeit
in Vergessenheit geraten,
und keiner wird sich unserer Taten entsinnen;
und unser Leben wird vergehen wie Wolkenspuren
und sich auflösen wie Nebel,
der von Sonnenstrahlen verfolgt
und von Hitze beschwert ist.
2,5. Denn unsere Lebenszeit ist Vorbeiziehen eines Schattens,
und vor unserem Lebensende gibt es kein Zurück,
denn es ist besiegelt, und keiner kehrt zurück.
2,6. Wohlan nun! Lasst uns die vorhandenen Güter genießen
und eifrig wie in der Jugend die Schöpfung nutzen;
2,7. reichlich wollen wir uns mit teurem Wein und Salböl
versehen,
auch soll keine Frühlingsblume an uns vorübergehen;
2,8. mit Rosenknospen wollen wir uns bekränzen,
ehe sie verblühen;
2,9. keine Wiese sei unbeteiligt an unserem Übermut,
lasst uns überall Zeichen der Freude hinterlassen,
denn das ist unser Anteil, und dies ist das Los!
2,10. Lasst uns den armen Gerechten unterdrücken,
die Witwe nicht schonen
und die betagten grauen Haare des Greises nicht scheuen;
2,11. unsere Stärke aber gelte als Gesetz der Gerechtigkeit,
denn das Schwache erweist sich als unnütz!
2,12. Lasst uns dem Gerechten auflauern,
denn er ist für uns unbrauchbar
und steht unseren Taten im Wege
und wirft uns Gesetzessünden vor
und sagt uns unsere Bildungssünden nach;

2,13. er behauptet, Erkenntnis Gottes zu haben
und nennt sich selbst Knecht des Herrn;
2,14. er ist uns zum Tadel unserer Gedanken geworden,
lästig ist er uns schon beim Anblick,
2,15. denn sein Lebenswandel ist dem der anderen unähnlich,
und seine Pfade sind fremdartig;
2,16. ihm gelten wir als betrügerisch,
und er hält sich von unseren Wegen
    wie von Unreinheiten fern;
selig preist er das Ende der Gerechten
und tut sich groß mit Gott als Vater!
2,17. Lasst uns sehen, ob seine Worte wahr sind,
und die Dinge an seinem Ausgang auf die Probe stellen;
2,18. denn wenn der Gerechte ein Sohn Gottes ist,
    wird der sich seiner annehmen
und ihn aus der Hand seiner Widersacher erretten!
2,19. Lasst ihn uns mit Hohn und Pein prüfen,
auf dass wir seine Milde erfahren
und seine Langmut erproben;
2,20. lasst ihn uns zu schmachvollem Tode verurteilen,
denn seinen Worten zufolge wird ihm Schutz zuteilwerden!“

Gottlose verglichen mit Gerechten (2,21–4,20)

Tod den Gottlosen und Schutz den Gerechten (2,21–3,9)

Tod und Teufel den Gottlosen (2,21–24)

2,21. Diese Dinge dachten sie, und sie irrten sich;
denn ihre Schlechtigkeit hatte sie verblendet,
2,22. und sie erkannten die Geheimnisse Gottes nicht,
noch erhofften sie Lohn für Frömmigkeit,
noch wählten sie den Ehrenlohn untadeliger Seelen.
2,23. Denn Gott hat den Menschen zu
Unvergänglichkeit erschaffen
und ihn zum Bilde seiner eigenen
Eigentümlichkeit gemacht;
2,24. durch Neid des Teufels aber kam der Tod in die Welt,
die aber zu dessen Teilbereich gehören, erfahren ihn![3]

Schutz und Trutz den Gerechten (3,1–9)

3,1. Die Seelen der Gerechten aber sind in Gottes Hand,
und keinesfalls berührt sie Pein.
3,2. In den Augen der Unverständigen
schienen sie gestorben zu sein,
und ihr Verschwinden galt als Verderben,
3,3. und ihr Weggang von uns als Vernichtung,
sie aber sind in Frieden.
3,4. Denn auch wenn sie nach menschlicher
Anschauung gestraft werden,
wird ihre Hoffnung voll Unsterblichkeit sein;
3,5. und nachdem sie kurz gezüchtigt sind,
wird ihnen lange wohlgetan werden,
denn Gott hat sie versucht
und sie seiner würdig befunden;
3,6. wie Gold im Schmelzofen hat er sie geprüft,
und wie ein Fruchtopfer hat er sie als Opfer angenommen.
3,7. Und zum Zeitpunkt ihrer Heimsuchung werden sie
aufleuchten
und sich wie Funken im Stoppelfeld verbreiten;

---

[3] Dieser Vers will sagen: Wer zum Teilbereich des Todes gehört, erfährt auch den Tod.

3,8. sie werden Nationen richten und Völker beherrschen,
und der Herr wird bis in alle Ewigkeit ihr König sein.
3,9. Die auf ihn vertraut haben, werden die Wahrheit verstehen,
und die Gläubigen werden in Liebe bei ihm bleiben;
denn Gnade und Erbarmen sind unter seinen Frommen,
und Schutz ist unter seinen Erwählten.

Fluch den Gottlosen und Segen den Kinderlosen (3,10–4,6)

3,10. Die Gottlosen aber werden nach dem,
was sie dachten, Strafe erhalten,
weil sie den Gerechten missachtet haben
und vom Herrn abgefallen sind,
3,11. denn wer Weisheit und Bildung für nichts hält, ist geplagt;
und leer ist ihre Hoffnung,
und ihre Anstrengungen sind unnütz,
und ihre Werke nutzlos;
3,12. ihre Frauen töricht,
und ihre Kinder verkommen,
verflucht ist ihr Geschlecht!
3,13. Denn selig ist eine Unfruchtbare, die unbefleckt ist,
die ‚Sex aus Versehen' nicht kennt,
denn sie wird bei Heimsuchung der Seelen Frucht haben,
3,14. und ein Unfruchtbarer, der mit der Hand keine
Gesetzeswidrigkeit tat
und keine schändlichen Dinge wider den Herrn ersann,
denn ihm wird die auserwählte Gnade des Glaubens
gegeben werden
und ein wohlgefälligeres Los im Tempel des Herrn.
3,15. Denn Frucht guter Bemühungen ist ruhmvoll,
und unfehlbar die Wurzel der Einsicht.
3,16. Die Kinder von Ehebrechern aber werden erfolglos sein,
und die Nachkommenschaft aus widergesetzlichem Sex
wird untergehen.
3,17. Denn auch wenn sie langlebig werden,
werden sie nichts gelten,
und ihr Alter wird am Ende ehrlos sein;

3,18. und wenn sie frühzeitig sterben,
werden sie keine Hoffnung haben,
und keinen Trost am Tage der Entscheidung;
3,19. denn schlimm sind die Ausgänge
eines ungerechten Geschlechts!
4,1. Besser ist Kinderlosigkeit mit Tugend;
denn in ihrer Erinnerung[4] ist Unsterblichkeit,
denn sie wird sowohl bei Gott als auch
bei den Menschen erkannt.
4,2. Und wenn sie da ist, ahmen sie sie nach
und vermissen sie, wenn sie sich entfernt;
und in der Ewigkeit schreitet sie bekränzt daher,
nachdem sie den Wettkampf um die unbefleckten
Preise gewonnen hat.
4,3. Die vielträchtige Schar der Gottlosen
aber wird keinen Nutzen bringen,
und aus unehelichen Sprösslingen wird sie
keine Wurzel in die Tiefe schlagen
und keinen sicheren Boden begründen;
4,4. Denn auch wenn sie gelegentlich an Zweigen
hervorsprießen,
werden sie, weil sie unsicher stehen,
vom Sturmwind gebeutelt
und von der Gewalt der Sturmwinde entwurzelt werden.
4,5. Die unvollendeten Zweige werden umgeknickt werden,
und ihre Frucht wird nutzlos sein, unreif zum Essen
und zu nichts nutze;
4,6. denn aus gesetzlosem Sex gezeugte Kinder
sind wider die Eltern bei deren Prüfung Zeugen der Bosheit![5]

---

[4] Gemeint ist die Erinnerung an die Tugend eines Menschen.

[5] Dieser Vers will sagen: Die Bosheit der Kinder wird im Gericht den Eltern angelastet werden, denn das Missverhalten der Kinder wirft auch schlechtes Licht auf die Eltern.

Das Schicksal des Gerechten und der Gottlosen (4,7–20)

Das Schicksal des Gerechten (4,7–15)

4,7. Wenn aber der Gerechte vorzeitig stirbt,
wird er in Muße schwelgen;
4,8. denn ehrbares Alter ist nicht das betagte,
auch ist es nicht an der Zahl der Jahre gemessen,
4,9. graues Haar aber heißt für Menschen Klugheit
und Greisenalter makelloses Leben.
4,10. Weil er Gott wohlgefällig wurde, ward er geliebt,
und weil er unter Sündern lebte, wurde er entrückt;
4,11. ward hinweggenommen, damit nicht Schlechtigkeit
seinen Verstand veränderte
oder Arglist seine Seele irre leitete;
4,12. denn schlechter Zauber verdunkelt die schönen Dinge,
und sexuelle Umtriebigkeit verwandelt einen arglosen Geist.
4,13. Obwohl er in kurzer Zeit zur Reife gelangt ist,
hat er lange Zeiten gefüllt;
4,14. denn wohlgefällig war dem Herrn seine Seele,
deswegen enteilte sie aus der Mitte der Bosheit;
obwohl die Völker aber sahen, verstanden sie nicht
und machten sich ebendies nicht bewusst:
4,15. Gnade und Erbarmen sind unter seinen Auserwählten,
und Schutz ist unter seinen Frommen![6]

Das Schicksal der Gottlosen (4,16–20)

4,16. Richten aber wird der Gerechte, obwohl entschlafen,
die lebenden Gottlosen,
und schnell vollendete Jugend das vieljährige Greisenalter
des Ungerechten;
4,17. Denn sie werden das Ende des Weisen sehen
und nicht erkennen, was der Herr über ihn beschlossen
und wozu er ihn beschützt hat.
4,18. Sie werden es sehen und geringschätzen;
sie aber wird der Herr auslachen,
4,19. und sie werden danach zu einem ehrlosen Leichnam werden
und unter den Toten in Ewigkeit zum Hohn,
denn er wird sie lautlos kopfüber zerreißen,

---

6 Vers 15 ist offenkundig eine bewusste Wiederholung von Weish 3,9.

und sie aus den Fundamenten schaukeln,
und bis aufs Letzte werden sie verödet
und in Schmerz sein,
und die Erinnerung an sie wird erlöschen.
4,20. Furchtsam werden sie bei der Abrechnung
ihrer Sünden herbeikommen,
und er wird sie angesichts ihrer
Gesetzeswidrigkeiten überführen.

Die künftige Rede der Gottlosen (5,1–14)

5,1. Dann wird der Gerechte mit großer Offenherzigkeit stehen
wider das Angesicht derer, die ihn bedrängt
und seine Bemühungen verworfen haben.
5,2. Wenn sie ihn sehen, werden sie von
schrecklicher Furcht erschüttert werden
und außer sich sein vor dem Wunder der Rettung;
5,3. sie werden bei sich sagen, indem sie sich bekehren,
und der Beklommenheit des Geistes wegen seufzen:
5,4. „Dieser war es, der uns einst zum Gelächter
und zum Gleichnis für Schmähung diente –
wir Unverständigen!
Wir hielten sein Leben für Wahn
und sein Ende für ehrlos.
5,5. Wie konnte er zu Gottes Söhnen gerechnet werden
und sein Los unter Heiligen sein?
5,6. Folglich sind wir vom Wege der Wahrheit abgeirrt,
und das Licht der Gerechtigkeit hat uns nicht beschienen,
und die Sonne ist uns nicht aufgegangen;
5,7. auf unseren Pfaden wurden wir von Gesetzlosigkeit
und Verderben erfüllt[7]
und durchwanderten unzugängliche Wüsten,
den Weg des Herrn aber erkannten wir nicht!
5,8. Was hat uns der Übermut genützt?
Und was hat uns Reichtum inmitten
von Prahlerei eingetragen?

---

[7] An dieser Stelle folgt die Übersetzung dem Zeugnis der Handschriften und nicht dem Textvorschlag Zieglers.

5,9. All jene Dinge sind wie ein Schatten vergangen
und wie eine beiläufige Nachricht;
5,10. wie ein Schiff, das wogendes Wasser durchquert:
keine Spur ist von ihm zu finden,
nachdem es hindurchgefahren ist,
und kein Pfad seines Schiffskiels in den Wellen;
5,11. oder wie, wenn ein Vogel die Luft durchfliegt,
kein Beweis seiner Flugreise gefunden wird,
obwohl ein leichter Windhauch vom
Schlage der Flügel aufgepeitscht
und – gespalten von der Kraft des Schwunges
der sich bewegenden Flügel – durchzogen wird,
und danach im Windhauch kein Zeichen eines
Durchflugs zu finden ist;
5,12. oder wie, wenn ein Pfeil auf ein Ziel abgeschossen ist,
die Luft, obwohl durchschnitten, sogleich in sich
zurückgeflossen ist,
so dass man seinen Durchzug nicht erkennt;
5,13. so sind auch wir, indem wir geboren sind, gestorben
und haben kein Zeichen von Tugend vorzuweisen gehabt,
ja haben uns in unserer Schlechtigkeit verzehrt!“
5,14. Denn die Hoffnung des Gottlosen ist wie Staub,
der vom Winde verweht,
und wie dünner Raureif,
der vom Sturm hinweggefegt ist,
und wie Rauch, der vom Wind aufgelöst worden ist,
und wie die Erinnerung an einen eintägigen Gast,
die vergangen ist.

Schluss – Gott als Krieger (5,15–23)

5,15. Die Gerechten aber leben in Ewigkeit,
und beim Herrn ist ihr Lohn,
und Sorge um sie ist beim Höchsten.
5,16. Deswegen werden sie die ihnen gebührende
Königsherrschaft empfangen
und die Krone der Schönheit aus der Hand des Herrn,
denn er wird sie beschützen mit der Rechten
und mit dem Arm den Schild über sie halten.
5,17. Er wird seinen Eifer als Rüstung nehmen
und die Schöpfung zur Waffe machen,
zur Abwehr von Feinden;
5,18. Er wird Gerechtigkeit als Brustharnisch anlegen
und ungeheucheltes Gericht als Helm aufsetzen;
5,19. Er wird unbesiegbare Heiligkeit als Schild ergreifen,
5,20. und grausamen Zorn zum Schwert schärfen,
ja, die ganze Welt wird mit ihm zusammen
gegen die Wahnsinnigen Krieg führen!
5,21. Treffsichere Wurfgeschosse von Blitzen
werden gesandt werden
und wie von einem schön gerundeten
Wolkenbogen aufs Ziel fliegen,
5,22. und aus einer Steinschleuder wird von Zorn
erfüllter Hagel geschleudert werden;
das Wasser des Meeres wird gegen sie toben,
und Flüsse grausam über ihnen zusammenschlagen;
5,23. ein Geist von Vollmacht wird ihnen entgegenstehen
und sie wie Sturmwind reinigen;
und Gesetzlosigkeit wird die ganze Erde verwüsten,
und Schlechtigkeit die Throne der Machthaber umstürzen.

II. Weisheit als Lernziel (6–9)

Einleitung (6)

Hört, ihr Könige, lernt, ihr Richter! (6,1–11)

6,1. Hört nun, ihr Könige, und versteht;
lernt, ihr Richter von den Enden der Erde;
6,2. vernehmt, die ihr die Mehrheit regiert
und euch mit den Mengen an Nationen brüstet;
6,3. denn die Herrschaft ist euch vom Herrn verliehen
und die Macht vom Höchsten,
der eure Taten ausforschen und Pläne durchspüren wird;
6,4. denn obwohl ihr Diener seines Königreiches seid,
habt ihr nicht recht gerichtet
und das Gesetz nicht gewahrt
und seid nicht nach dem Willen Gottes gegangen!
6,5. Schauderhaft und schnell wird er über euch kommen,
denn ein grausames Gericht vollzieht sich an den
Vornehmen.
6,6. Denn der Geringste ist
aus Barmherzigkeit entschuldbar,
die Mächtigen aber werden auf mächtige
Weise geprüft werden;
6,7. denn vor keiner Person wird sich
der Herrscher des Alls scheuen,
auch nicht um Größe sich scheren,
denn Klein und Groß hat er selbst erschaffen,
und er sorgt gleichermaßen für alle,
6,8. über die Starken aber wird ein gründliches
Nachforschen angeordnet!
6,9. An euch nun, o Herrscher, richten sich meine Worte,
damit ihr Weisheit lernt und nicht fehlt;
6,10. denn diejenigen, die heilige Dinge heilig gehalten haben,
werden geheiligt werden,
und die darin unterrichtet sind,
werden Rechtfertigung finden.
6,11. Trachtet also nach meinen Worten,
verlangt danach, und ihr werdet unterwiesen!

Weisheit ist herrlich, Bildung bereichert (6,12–25)

6,12. Herrlich und unvergänglich ist die Weisheit,
und leicht wird sie von denen, die sie lieben, bemerkt
und von denen, die sie suchen, gefunden;
6,13. sie kommt denen, die nach ihr trachten, darin zuvor, dass sie
sich im Voraus erkennen lässt.
6,14. Wer früh für sie aufgestanden ist, wird sich nicht abmühen;
denn er wird sie neben seiner Tür sitzend finden.
6,15. Denn über sie nachzudenken, ist Vollendung der Klugheit,
und wer ihretwegen wacht, wird schnell unbekümmert sein;
6,16. denn sie selbst geht umher, um die zu suchen,
die ihrer würdig sind,
und erscheint ihnen wohlwollend auf ihren Pfaden
und begegnet ihnen bei jedem Gedanken.
6,17. Denn ihr Anfang ist das wahrhaftige
Verlangen nach Bildung,
6,18. Rücksicht aber auf Bildung ist Liebe,
Liebe aber ist Halten ihrer Gesetze,
Achtsamkeit auf Gesetze aber ist Bekräftigung der
Unvergänglichkeit,
6,19. Unvergänglichkeit aber lässt Gott nahe sein;
6,20. Verlangen nach Weisheit führt folglich zum Königreich.
6,21. Wenn ihr euch nun an Thronen und Zeptern erfreut,
ihr Herrscher von Völkern,
ehrt Weisheit, damit ihr in Ewigkeit Könige seid!
6,22. Was aber Weisheit ist, und wie sie entstanden ist,
werde ich verkünden
und euch Geheimnisse nicht vorenthalten,
sondern sie von Anbeginn der Schöpfung ausspähen
und ihre Erkenntnis ins Licht stellen
und die Wahrheit gewiss nicht übergehen!
6,23. Auch werde ich mich nicht mit einem, der von Neid
zerfressen ist, auf den Weg machen,
denn dieser wird kein Gefährte der Weisheit sein.
6,24. Eine Schar aber von Weisen ist der Welt Rettung,
und ein kluger König des Volkes Ruhe.
6,25. Darum lasst euch durch mein Wort bilden, und ihr werdet
bereichert!

König Salomo (7–9)

Ich, König Salomo (7,1–14)

7,1. Freilich bin auch ich ein sterblicher Mensch, allen gleich,
und ein Nachkomme des zuerst geschaffenen Erdgeborenen;
und im Mutterleibe ward ich als Fleisch geformt,
7,2. in zehnmonatiger Zeit im Blute geronnen,
aus dem Samen eines Mannes
und der mit dem Sex verbundenen Lust.
7,3. Und als ich geboren war, sog ich die gemeine Luft ein
und fiel auf die in ähnlichem Zustande befindliche Erde,
während ich wie alle den ersten gleichen Laut weinte;
7,4. in Windeln wuchs ich auf und in Fürsorge.
7,5. Denn kein König hatte einen anderen Anfang des Daseins,
7,6. aller Eingang ins Leben aber ist einer
und der Ausgang gleich.
7,7. Deshalb betete ich[8], und mir ward Klugheit gegeben;
ich rief, und der Geist der Weisheit kam zu mir.
7,8. Ich zog sie Zeptern und Thronen vor
und hielt Reichtum im Vergleich mit ihr für nichts;
7,9. und nicht verglich ich mit ihr einen unschätzbaren Stein,
denn das ganze Gold ist bei ihrem Anblick
ein bisschen Sand,
und Silber wird ihr gegenüber als Kot gelten;
7,10. ich liebte sie mehr als Gesundheit und Wohlgestalt
und zog es vor, sie anstelle des Sonnenlichts zu haben,
denn das von dieser ausgehende Licht ist unaufhörlich.
7,11. Zugleich aber mit ihr kamen alle Güter zu mir,
und unermesslicher Reichtum war in ihren Händen;
7,12. ich aber erfreute mich an allen Dingen,
denn die Weisheit geht ihnen voran,
doch verkannte ich, dass sie die Erzeugerin dieser Dinge ist.
7,13. Ehrlich habe ich gelernt, und neidlos gebe ich weiter,
ihren Reichtum verberge ich nicht;

---

[8] Vgl. Salomos Gebet um Weisheit nach 1. Kön 3,5–15.

7,14. denn für die Menschen ist sie ein unerschöpflicher Schatz;
die den erworben haben, sind bereit für Gottes Liebe,
weil sie mit ihm durch die Gaben der Bildung verbunden sind.

Mein Wissen (7,15–22a)

7,15. Mir aber gebe Gott, so zu sprechen, wie ich möchte,
und angemessen über das, was mir gegeben wurde, nachzudenken,
denn er selbst ist Lehrer der Weisheit
und Verbesserer der Weisen.

7,16. Denn wir und unsere Worte liegen in seiner Hand,
wie auch jegliche Klugheit und Fachkenntnis der Tätigkeiten.

7,17. Denn er selbst hat mir die untrügliche Kenntnis der vorhandenen Dinge gegeben,
um zu verstehen:[9] den Aufbau der Welt und die Wirkungsweise der Elemente,

7,18. Anfang und Ende und Mitte der Zeiten,
die Wechsel der Sonnenwenden und die Veränderungen der Zeitläufe,

7,19. die Jahreszyklen und Sternkonstellationen,

7,20. das Wesen der Tiere und das Ungestüm des Wildes,
die Gewalten von Geistern und die Gedanken der Menschen,
die Verschiedenheiten der Pflanzen und die Kräfte der Wurzeln,

7,21. alles, was verborgen und offenbar ist, habe ich erkannt;

7,22. denn die Meisterin aller Dinge hat es mich gelehrt – die Weisheit!

Weisheit ist geistreich (7,22b–8,1)

Denn in ihr ist ein Geist: mit Verstand begabt, heilig,
einzigartig, vielfältig, fein,
gewandt, durchdringend, rein,
einleuchtend, unversehrt, das Gute liebend, scharfsinnig,

7,23. frei, wohltuend, menschenfreundlich,

---

9 Vgl. die Ausführungen zu Salomos Weisheit nach 1. Kön 5,9–14.

zuverlässig, unerschütterlich, unbekümmert,
allmächtig, allsehend,
und alle Geister durchdringend:
die mit Verstand begabten, die reinen, die scharfsinnigsten.

7,24. Denn Weisheit ist schneller als jede Bewegung,
sie durchdringt und umfasstalles
aufgrund ihrer Lauterkeit;

7,25. denn sie ist ein Hauch der Macht Gottes
und ein sonnenklarer Ausfluss
der Herrlichkeit des Allherrschers;
deswegen gerät nichts in sie hinein, was verunreinigt ist.

7,26. Denn sie ist ein Abglanz ewigen Lichtes
und ein makelloser Spiegel der Wirksamkeit Gottes
und ein Bild seiner Güte.

7,27. Obwohl sie nur eine ist, vermag sie alles,
und obwohl sie in sich selbst unverändert bleibt,
erneuert sie das All,
und indem sie über Generationen hinweg
in frommen Seelen Einzug hält,
bringt sie Freunde Gottes und Propheten hervor;

7,28. denn Gott liebt ausschließlich den,
der mit der Weisheit zusammenwohnt.

7,29. Denn diese ist schöner als die Sonne
und als jedes Sternbild.
Mit dem Licht verglichen, wird sie für herrlicher befunden;

7,30. denn dies löst zwar die Nacht ab,
nicht aber besiegt Schlechtigkeit die Weisheit.

8,1. Ja sie erstreckt sich kraftvoll von einem Ende zum anderen
und regiert das All aufs Beste.

Meine Liebe zur Weisheit (8,2–21)

8,2. Diese habe ich geliebt und von meiner Jugend an aufgesucht
und getrachtet, sie mir als Braut heimzuführen,
und bin ein Verehrer ihrer Schönheit geworden.

8,3. Sie rühmt sich ihrer edlen Abkunft,
da sie mit Gott zusammenlebt,
und der Herrscher des Alls gewann sie lieb;

8,4. denn sie ist eine in Gottes Wissen Eingeweihte
und eine Liebhaberin seiner Werke.

8,5. Wenn aber Reichtum ein begehrtes Gut im Leben ist,
was ist dann reicher als die Weisheit, die das alles bewirkt?
8,6. Wenn aber Klugheit wirkt,
wer unter den Wesen ist dann mehr Künstlerin als sie?
8,7. Auch wenn jemand Gerechtigkeit liebt:
Die Bemühungen um sie[10] sind Tugenden;
denn sie lehrt Besonnenheit und Klugheit,
Gerechtigkeit und Tapferkeit,
nichts ist den Menschen nützlicher
im Leben als diese Tugenden.
8,8. Auch wenn jemand viel Erfahrung begehrt:
Sie kennt die Vergangenheit und errät die Zukunft,
sie versteht sich auf Wendungen von Worten
und Lösungen von Rätseln,
Zeichen und Wunder erkennt sie im Voraus
und Ausgänge von Zeitläufen und Zeiten.
8,9. Ich beschloss nun, sie als Lebensgefährtin zu gewinnen
im Wissen darum, dass sie mir eine Ratgeberin für das Gute
sein wird
und eine Aufmunterung bei Sorgen und Kummer.
8,10. Durch sie werde ich unter den Menschen Ruhm genießen
und Ehre bei den Älteren als junger Mann;
8,11. als scharfsinnig werde ich im Gericht befunden werden
und seitens der Mächtigen bewundert werden;
8,12. wenn ich schweige, werden sie warten,
und wenn ich rede, aufmerken,
und wenn ich weiterspreche,
werden sie die Hand auf ihren Mund legen.
8,13. Ihretwegen werde ich Unsterblichkeit erlangen,
und bei denen nach mir ein ewiges Andenken hinterlassen.
8,14. Ich werde Völker regieren, und Nationen
werden mir untertan sein;
8,15. schreckliche Herrscher werden vor mir
in Furcht geraten, wenn sie's hören,
in der Volksversammlung werde ich tüchtig
und im Krieg tapfer erscheinen.

[10] Gemeint ist die Weisheit.

8,16. Wenn ich in mein Haus trete, werde ich mich bei ihr erholen;
denn der Umgang mit ihr kennt keine Bitterkeit,
und das Zusammenleben mit ihr keinen Schmerz,
sondern nur Frohsinn und Freude!
8,17. Als ich dies bei mir bedacht
und in meinem Herzen erwogen hatte,
dass in der Verwandtschaft mit der Weisheit
Unsterblichkeit liegt
8,18. und in der Freundschaft mit ihr edler Genuss
und in ihrer Hände Arbeit unerschöpflicher Reichtum
und in der Einübung des Umgangs mit ihr Klugheit
und Ruhm im gemeinschaftlichen Gespräch mit ihr,
da ging ich umher und fragte,
wie ich sie zu mir nehmen könnte.
8,19. Ich aber war ein stattliches Kind
und hatte eine gute Seele erhalten.
8,20. Besser gesagt: Weil ich gut war,
kam ich in einen unbefleckten Leib.
8,21. Als ich aber erkannte, dass ich ihrer[11] nicht anders habhaft
werden würde, als wenn Gott sie mir gäbe
– und zwar rührte dies Wissen, von wem diese
Gnadengabe stammt, von der Klugheit her –,
da wandte ich mich an den Herrn und bat ihn
und sprach aus meinem ganzen Herzen:

Mein Gebet (9,1–18)

9,1. „Gott der Väter und Herr des Erbarmens,
der du das All durch dein Wort gemacht
9,2. und durch deine Weisheit den Menschen ausgerüstet hast,
damit er über die von dir geschaffenen Geschöpfe herrsche
9,3. und die Welt in Heiligkeit und Gerechtigkeit verwalte
und mit rechtschaffender Seele ein Urteil fälle,
9,4. gib mir die Beisitzerin deines Thrones, die Weisheit,
und verstoß mich nicht aus deinen Kindern!
9,5. Denn ich bin dein Knecht und der Sohn deiner Magd,
ein schwacher und kurzlebiger Mensch

---

[11] Gemeint ist die Weisheit.

und unzulänglich im Verständnis des Urteils
und der Gesetze;

9,6. denn selbst wenn einer unter
den Menschensöhnen vollkommen ist,
wird er, wenn ihm die Weisheit von dir fehlt,
als nichts gelten!

9,7. Du hast mich zum König deines Volkes erkoren
und zum Richter deiner Söhne und Töchter;

9,8. Du hast befohlen, auf deinem heiligen
Berg einen Tempel zu errichten[12]
und in der Stadt deiner Einkehr einen Altar,
ein Abbild des heiligen Zeltes,
das du von Anfang an vorbereitet hast.

9,9. Und bei dir ist die Weisheit, die deine Werke kennt
und zugegen war, als du die Welt erschufst,
und weiß, was in deinen Augen angenehm
und was nach deinen Geboten gerecht ist.

9,10. Sende sie von den heiligen Himmeln aus
und schicke sie vom Thron deiner Herrlichkeit,
damit sie mir beistehe und sich um mich mühe,
und ich erkennen möge, was bei dir wohlgefällig ist!

9,11. Denn jene weiß alles und versteht,
und sie wird mich in meinen Handlungen besonnen anleiten
und mich in ihrer Herrlichkeit bewahren;

9,12. und meine Werke werden angenehm sein,
und ich werde dein Volk gerecht richten
und meines Vaters Thron würdig sein!

9,13. Denn welcher Mensch kann Gottes Ratschluss kennen?
Oder wer kann verstehen, was der Herr will?

9,14. Denn die Berechnungen der Sterblichen sind schnöde,
und hinfällig unsere Gedanken;

9,15. denn ein vergänglicher Leib beschwert die Seele,
und das irdene Zelt drückt den sorgenvollen Geist nieder.

9,16. Nur schwer deuten wir die Dinge auf Erden,
und was auf der Hand liegt, finden wir mit Mühe;
Wer aber hat die Dinge in den Himmeln aufgespürt?

---

[12] Vgl. die göttliche Weisung zum Tempelbau nach 1. Kön 5,19.

9,17. Wer aber hat deinen Ratschluss erkannt,
wenn nicht du Weisheit gegeben
und deinen heiligen Geist von den Höhen her gesandt hast?
9,18. So wurden denn auch die Pfade derer,
die auf Erden sind, berichtigt,
und die Menschen über die dir
angenehmen Dinge unterrichtet
und durch die Weisheit gerettet:“

König Salomo auf seinem Thron sitzend, umgeben von vier Engeln (*Codex Albrechtinus Aethiopicus* 4, f. 2v).

III. Rettung durch Weisheit (10–19)

Lob der Weisheit (10,1–11,1)

Von Adam bis Joseph (10,1–14)

10,1. Diese[13] hat den zuerst geschaffenen Vater der Welt[14],
als er allein erschaffen wurde, bewahrt
und ihn von seinem eigenen Vergehen befreit,
10,2. und ihm die Kraft gegeben, alles zu beherrschen.
10,3. Ein Ungerechter[15] aber,
der in seinem Zorn von ihr abgefallen war,
kam zusammen mit seinen brudermörderischen
Trieben um.
10,4. Die seinetwegen überschwemmte Erde rettete wiederum
die Weisheit,
indem sie den Gerechten[16] mithilfe schlichten Holzes
durch die Flut steuerte.
10,5. Diese hat auch, als die Völker einträchtig
in Bosheit verwirrt waren[17],
den Gerechten[18] erkannt und ihn untadelig vor Gott bewahrt
und ihn, den Starken, aus Liebe zum Kind behütet.[19]
10,6. Diese hat den Gerechten[20] gerettet,
als die Gottlosen zugrunde gingen,
bei seiner Flucht vor dem auf die Pentapolis[21]
niederfahrenden Feuer,
10,7. für deren Bosheit noch immer als Zeugnis,
rauchendes Ödland steht,

---

[13] Gemeint ist hier und im Folgenden die Weisheit.

[14] Anspielung auf Adam, vgl. Gen 2,7–3,24.

[15] Mit dem Ungerechten ist Kain gemeint, der seinen Bruder Abel ermordete, vgl. Gen 4,1–16.

[16] Vgl. die Erzählung von Noah und der Sintflut in Gen 6,5–9,29.

[17] Vgl. den Turmbau zu Babel nach Gen 11,1–9.

[18] Mit dem Gerechten ist Abraham gemeint, vgl. Gen 12; 15; 22.

[19] Anspielung auf die Erzählung von der Opferung Isaaks in Gen 22.

[20] Hier ist der Gerechte Lot, vgl. Gen 19,1–29.

[21] Als Pentapolis (griechisch „Fünf-Stadt“) werden hier die fünf verbündeten Städte bezeichnet, die Gen 14,2.8 erwähnt sind: Sodom und Gomorra, Adma, Zebojim und Bela.

und zu unpassenden Jahreszeiten Frucht tragende Pflanzen,
und als Andenken an eine ungläubige Seele eine Salzsäule
emporragt.

10,8. Denn da sie an der Weisheit vorübergingen,
erlitten sie nicht nur Schaden, weil sie
das Gute nicht erkannten,
sondern sie hinterließen auch den Lebenden
ein Denkmal ihrer Torheit,
damit nicht verborgen bleiben konnte,
wodurch sie zu Schaden kamen.

10,9. Weisheit aber hat die aus Nöten errettet,
die sie verehrt haben.

10,10. Diese hat den Gerechten[22],
der vor dem Zorn des Bruders floh,
auf geraden Pfaden geleitet;
sie zeigte ihm Gottes Königreich
und gab ihm Erkenntnis heiliger Dinge;
sie wusste Rat für ihn in Nöten
und mehrte seine mühevoll erworbene Habe;

10,11. bei der Habsucht derer, die ihn bezwingen wollten,
stand sie ihm bei
und machte ihn reich;

10,12. fortwährend bewachte sie ihn vor Feinden
und schützte ihn vor denen, die ihm auflauerten;
und sie entschied einen heftigen Kampf für ihn,
damit er wisse, dass Frömmigkeit mehr vermag
als alles andere.

10,13. Diese ließ einen verkauften Gerechten[23] nicht im Stich,
sondern rettete ihn vor Sünde;

10,14. sie stieg mit ihm in die Zisterne hinab
und verließ ihn nicht in Fesseln,
bis sie ihm Zepter des Königreichs brachte
und Vollmacht über die, welche ihn beherrschten;
und als Lügner entlarvte sie die, welche ihn tadelten,
und schenkte ihm ewigen Ruhm.

---

[22] Mit dem Gerechten ist hier Jakob gemeint, vgl. Gen 28; 30–32.

[23] Hier ist der Gerechte Joseph, vgl. Gen 39–41.

Israels Auszug aus Ägypten (10,15–11,1)

10,15. Diese hat ein heiliges Volk und makellosen Samen
aus einer Völkerschaft von Bedrängern errettet;
10,16. sie ging ein in die Seele eines Dieners des Herrn
und widerstand furchtbaren Königen mit Wundern
und Zeichen.[24]
10,17. Sie gab Frommen den Lohn für ihre Mühen zurück,
geleitete sie auf wunderbarem Wege
und wurde ihnen zum Schutz am Tage
und zu Sternenlicht in der Nacht.
10,18. Sie brachte sie durch das Rote Meer
und führte sie durch viel Wasser;
10,19. ihre Feinde aber überschwemmte sie
und spie sie aus tiefem Abgrund aus.[25]
10,20. Deshalb beraubten die Gerechten die Gottlosen
und priesen, Herr, deinen heiligen Namen
und lobten einmütig deine beschirmende Hand;
10,21. denn die Weisheit öffnete den Mund der Stummen
und machte die Stimmen der Unmündigen durchdringend.[26]
11,1. Glücklich leitete sie ihre Werke durch die Hand eines
heiligen Propheten.

Gottes Gericht (11,2–12,27)

Gericht an Ägyptern und Wohltaten an Israel (11,2–12,1)

11,2. Sie durchzogen eine unbewohnte Wüste
und schlugen an unzugänglichen Orten ihre Zelte auf;
11,3. sie widerstanden Feinden und wehrten Gegner ab.[27]
11,4. Sie dürsteten und riefen dich an,
und es ward ihnen aus schroffem Felsen Wasser gegeben
und aus hartem Stein ein Mittel gegen den Durst.
11,5. Denn wodurch ihre Gegner im Zaum gehalten wurden,

---

[24] Vgl. Moses Wirken in Ägypten nach Ex 7–12.

[25] Zum Durchzug der Israeliten durch das Rote Meer und zum Untergang der Ägypter vgl. Ex 14.

[26] Vgl. den Lobgesang des Mose und der Mirjam in Ex 15,1–21.

[27] Vgl. die Wüstenwanderung der Israeliten in Ex 17.

dadurch erhielten sie Wohltaten, als sie in Not waren.
11,6. Ja, statt nie versiegender Quelle eines Flusses,
der mit Mordblut vermengt worden war
11,7. zur Widerlegung der kindsmörderischen Anordnung[28],
gabst du ihnen unverhofft reichliches Wasser[29],
11,8. indem du durch ihren damaligen Durst zeigtest,
wie du die Widersacher bestraft hast.
11,9. Denn als sie auf die Probe gestellt waren,
wiewohl sie mit Erbarmen gezüchtigt wurden,
erkannten sie, wie die Gottlosen gequält wurden,
indem sie im Zorn gerichtet wurden;
11,10. denn diese hast du wie ein mahnender Vater geprüft,
jene aber wie ein strenger König bei der Verurteilung
ausgeforscht.
11,11. Abwesende und auch Anwesende
wurden gleichermaßen gequält;
11,12. denn doppelte Trauer hatte sie erfasst
und Stöhnen beim Gedenken an das Vergangene;
11,13. denn als sie vernahmen, dass durch
ihre eigenen Züchtigungen
ihnen Wohltaten erwiesen wurden,
erinnerten sie sich des Herrn.
11,14. Denn den einst durch Aussetzung Verworfenen[30],
den zu verspotten sie überdrüssig geworden waren,
bewunderten sie schlussendlich,
weil sie nicht nach den gleichen Dingen
gedürstet hatten wie die Gerechten.
11,15. Wegen der unverständigen Gedanken ihrer Ungerechtigkeit,
durch die sie in die Irre gingen und vernunftlose Kriechtiere
und armselige Untiere verehrten,
sandtest du ihnen zur Strafe eine Menge
vernunftloser Tiere nach,
11,16. damit sie erkannten: Womit jemand sündigt,
damit wird er bestraft!
11,17. Denn deine allmächtige Hand war
nicht ohne Mittel und Wege

---

[28] Vgl. die Anordnung Pharaos in Ex 1,15–22.

[29] Vgl. Ex 17,1–7.

[30] Gemeint ist Mose; vgl. Ex 2,1–10.

– auch hat sie die Welt aus ungestalteter Materie erschaffen –,
auf sie eine Menge Bären oder
unerschrockene Löwen zu hetzen
11,18. oder neu erschaffene, von Wut erfüllte, unbekannte Bestien,
die entweder Feuer schnaubenden Atem blasen
oder zischenden Dampf ausstoßen
oder furchtbare Funken aus den Augen sprühen,
11,19. nicht nur deren Schädlichkeit hätte sie mitvernichten,
sondern auch deren aufschreckender Anblick hätte sie
gänzlich zugrunde richten können.
11,20. Auch ohne diese Tiere hätten sie durch
einen einzigen Hauch fallen können,
vom Recht verfolgt
und vom Geist deiner Macht ausgestoßen,
doch du hast alle Dinge nach Maß
und Zahl und Gewicht geordnet.
11,21. Denn gewaltig stark zu sein, ist dir allezeit möglich,
und wer wird der Kraft deines Arms widerstehen?
11,22. Denn die ganze Welt ist vor dir
wie ein Gewicht von der Waage
und wie ein morgendlicher Tautropfen,
der auf die Erde herabfällt.
11,23. Du aber erbarmst dich aller, denn du vermagst alles,
und übersiehst die Vergehen der Menschen
in Erwartung der Reue.
11,24. Denn du liebst alles, was ist,
und verabscheust nichts von dem, was du vollbracht hast;
denn würdest du etwas hassen, hättest du es nicht ersonnen!
11,25. Wie aber könnte etwas Bestand haben,
wenn du es nicht gewollt hättest,
oder das nicht von dir Gerufene erhalten bleiben?
11,26. Du aber schonst alles, denn es ist dein,
du Leben liebender Herrscher;
12,1. denn dein unvergänglicher Geist ist in allem.

Gericht an den Kanaanäern (12,2–18)[31]

12,2. Deshalb überführst du die Fehlenden langsam
und mahnst sie, indem du in Erinnerung bringst,
worin sie sündigen,
damit sie, von Schlechtigkeit befreit, an dich glauben, Herr!
12,3. Denn auch die ehemaligen Bewohner deines heiligen Landes
12,4. hasstest du wegen ihres höchst abscheulichen Tuns
von Zauberwerken und unheiligen Zeremonien,
12,5. und die unbarmherzigen Kindermörder
und das Eingeweide verzehrende Mahl
aus menschlichem Fleisch und Blut,
die geweihten Mitglieder eines Kultvereins
12,6. und die eigenhändig mordenden Eltern hilfloser Seelen,
die wolltest du vernichten durch die Hand unserer Väter,
12,7. damit aufnehme eine würdige
Ansiedlung von Kindern Gottes
das von dir über alles geschätzte Land!
12,8. Aber auch diese hast du, weil sie Menschen waren, geschont
und als Vorboten deines Heeres Wespen ausgesandt,
auf dass sie die Bewohner langsam ausrotteten.
12,9. Sehr wohl warst du imstande, die Gottlosen
in der Schlacht den Gerechten zu unterwerfen,
sie durch furchtbare Wildtiere oder ein strenges Wort
auf einen Schlag auszutilgen,
12,10. indem du aber langsam richtetest,
gabst du Gelegenheit zur Buße,
obwohl du genau wusstest, dass ihre Zeugung lasterhaft
und ihre Schlechtigkeit angeboren war
und dass sich ihr Denken in Ewigkeit nicht ändern würde!
12,11. Denn es war eine von Anfang an verfluchte Nachkommen-
schaft,
aber nicht aus Furcht vor jemandem gewährtest du ihnen,
worin sie sündigten, Straffreiheit.
12,12. Denn wer wird sagen: „Was hast du getan?“
oder wer wird sich deinem Urteil widersetzen?
Wer wird dir denn vorwerfen, dass Nationen zugrunde
gerichtet worden sind, die du erschaffen hast?

---

[31] Die Kanaanäer sind die Ureinwohner des heiligen Landes.

Oder wer wird gegen dich vor Gericht ziehen
als Anwalt von ungerechten Menschen?
12,13. Denn weder gibt es einen Gott außer dir,
der sich um alle Dinge sorgt
– so dass du beweisen müsstest,
dass du nicht ungerecht geurteilt hast –,
12,14. noch wird ein König oder Herrscher dir wegen derer,
die du gestraft hast, die Stirn bieten können.
12,15. Weil du gerecht bist, verwaltest du das All gerecht,
und den zu verurteilen, der nicht verdient,
bestraft zu werden,
hältst du mit deiner Macht für unvereinbar.
Denn deine Stärke ist das Prinzip der Gerechtigkeit,
und deine Herrschaft über alles veranlasst dich,
alles zu schonen.
12,17. Denn du zeigst Stärke, wenn an der Vollkommenheit
deiner Macht gezweifelt wird,
und unter denen, die sie kennen,
überführst du die Dreistigkeit;
12,18. du gebietest über Stärke, richtest aber mit Nachsicht
und regierst uns mit viel Schonung;
denn du hast, wann immer du willst, die Fähigkeit dazu.

Sorgfalt im Gericht (12,19–21)

12,19. Du aber hast dein Volk durch vortreffliche Werke gelehrt,
dass der Gerechte menschenfreundlich sein muss,
und hast deine Söhne hoffnungsfroh gestimmt,
dass du ihnen bei Vergehen Buße gewährst.
12,20. Denn wenn du die Feinde deiner Kinder
und die des Todes Schuldigen
mit so großer Aufmerksamkeit und Nachsicht bestraft hast,
indem du Momente und Gelegenheit botest, während der
sie sich von der Schlechtigkeit losreißen mochten,
12,21. mit welch großer Sorgfalt hast du deine Söhne gerichtet,
deren Vätern du eidliche Zusagen und Verträge mit guten
Verheißungen gewährtest?

Härte im Gericht (12,22–27)

12,22. Während du uns nur züchtigst,
geißelst du unsere Feinde zehntausendfach,
damit wir deine Güte bedenken, wenn wir richten,
wenn wir aber gerichtet werden,
auf dein Erbarmen hoffen dürfen.
12,23. Daher hast du auch diejenigen, die ihr Leben
in Unvernunft ungerecht gelebt haben,
durch ihre eigenen Gräuel gequält;
12,24. denn sie hatten sich noch weit
über die Irrwege hinaus verirrt,
indem sie unter den Tieren der Gegner[32]
sogar die verachteten für Götter hielten,
weil sie wie törichte Kleinkinder
getäuscht worden waren.
12,25. Deshalb hast du ihnen wie unvernünftigen Kindern
das Gericht zur Verspottung gesandt.
12,26. Diejenigen aber, die sich durch solche Spiele
voller Tadel nicht haben warnen lassen,
werden das verdiente Gericht Gottes erfahren!
12,27. Denn durch diejenigen, über die sie tobten, als sie litten,
durch ebendiese, die sie für Götter hielten,
– als sie durch sie bestraft wurden und sahen,
da erkannten sie den wahren Gott,
den sie vormals zu kennen leugneten;
deshalb traf sie auch das Höchstmaß an Strafe.

[32] An dieser Stelle folgt die Übersetzung dem Zeugnis der meisten Handschriften und nicht dem Text Zieglers.

Götzendienst und Götzendiener (13–15)

Nichtige Menschen mit mangelnder Gotteserkenntnis – ein Gottesbeweis (13,1–9)

13,1. Denn nichtig waren alle Menschen von Natur aus,
die keine Kenntnis Gottes besaßen
und die anhand der sichtbaren Güter
den Seienden[33] nicht zu erkennen vermochten,
geschweige denn den Werkmeister erkannten,
wenn sie seine Werke betrachteten.
13,2. Vielmehr hielten sie Feuer, Wind oder flüchtige Luft,
den Sternkreis oder gewaltiges Wasser
oder die Himmelslichter – die Fürsten der Welt – für Götter.
13,3. Wenn sie an deren Schönheit Gefallen fanden
und diese Dinge für Götter hielten,
hätten sie wissen sollen, um wie viel besser
als diese ihr Herrscher ist,
denn der Urheber der Schönheit hat sie erschaffen;
13,4. wenn sie aber von deren Macht und Wirkung
erschreckt worden sind,
hätten sie daran erkennen sollen,
um wie viel mächtiger der ist, der sie gefertigt hat;
13,5. denn anhand der Größe und Schönheit der Geschöpfe
lässt sich dementsprechend ihr Schöpfer ermessen.
13,6. Dennoch gibt es bei diesen Menschen
nur geringen Grund zum Tadel,
denn auch sie lassen sich schnell täuschen,
wenn sie Gott suchen und finden wollen;
13,7. denn durch die Beschäftigung mit
seinen Werken erforschen sie sie
und lassen sich vom Augenschein trügen,
weil die geschauten Dinge schön sind.
13,8. Andererseits sind auch sie nicht zu entschuldigen;

---

[33] Die Bezeichnung Gottes als „der Seiende" nimmt Bezug auf die Selbstbezeichnung Gottes in der Erzählung vom brennenden Dornbusch im Wortlaut des griechischen Alten Testaments, der Septuaginta: „Ich bin der Seiende" (Ex 3,14).

13,9. denn wenn sie so viel zu erkennen vermochten,
dass sie die Welt erforschen konnten,
warum haben sie den Herrscher dieser Dinge
nicht schneller gefunden?

Unglückliche Menschen mit toter Hoffnung – eine Reihe von Beispielen (13,10–15,19)

13,10. Unglücklich sind die und auf toten Dingen beruhen
die Hoffnungen derer,
die Werke von Menschenhand als Götter bezeichnen,
Gold und Silber in kunstvoller Verarbeitung
und Abbilder von Tieren
oder einen unnützen Stein, ein Kunstwerk von alter Hand!

Der Holzbildhauer (13,11–19)

13,11. Und wenn irgendein Holzbildhauer ein handliches
Baumstück absägte,
geschickt dessen gesamte Rinde ringsum abschälte
und es kunstgerecht bearbeitete,
so fertigte er ein nützliches Gerät
für den alltäglichen Gebrauch;
13,12. die Abfälle seiner Arbeit
verwendete er[34] für die Zubereitung
von Nahrung, und so wurde er satt,
13,13. den Abfall davon aber, der zu nichts nütze war,
ein krummes und von Ästen durchwachsenes Holz,
das nahm und schnitzte er im Eifer seiner Freizeit,
und mit ruhiger Geschicklichkeit formte er es,
bildete es dem Bild eines Menschen nach
13,14. oder machte es irgendeinem einfachen Tier gleich,
indem er es mit Rötel beschmierte und mit Schminke
seine Oberfläche rot färbte
und jeden Fleck an ihm beschmierte
13,15. und ihm einen Käfig machte, den es verdiente,
ihn an die Wand setzte und mit Eisen sicherte.
13,16. Darum, dass es nun nicht herunterfiele, kümmerte er sich,
weil er wusste, dass es unfähig ist, sich selbst zu helfen;

---

34 Nämlich als Brennmaterial.

denn es ist ja ein Bild und bedarf der Hilfe.
13,17. Wenn er aber für seinen Besitz und seine Ehe
und seine Kinder betet,
schämt er sich nicht, das leblose Ding anzusprechen
und ruft das Schwache um Gesundheit an
13,18. und bittet das Tote um Leben,
um Hilfe fleht er zum Unerfahrensten
und um gute Reise zu dem,
was nicht einmal seinen Fuß benutzen kann,
13,19. für Geschäft und Gewerbe und das Glück seiner Hände
bittet er das Ding um Schaffenskraft, was mit seinen Händen
völlig kraftlos ist.

Der Seefahrer (14,1–11)

14,1. Ein anderer wiederum, der sich für eine Seefahrt
rüstet und wilde Wogen durchqueren will,
ruft ein Holz an, das morscher ist als das Schiff, das ihn trägt.
14,2. Denn Gewinnstreben hat jenes ersonnen,
die Handwerkerin Weisheit aber hat es erbaut;
14,3. und deine Vorsehung steuert es, Vater,
denn du hast ihm im Meer einen Weg gegeben
und in den Wogen einen sicheren Pfad,
14,4. und hast bewiesen, dass du aus jeder Notlage
zu retten vermagst,
so dass man auch ohne nautische
Erfahrung an Bord gehen kann.
14,5. Du willst, dass die Werke deiner Weisheit nicht unnütz sind;
deshalb vertrauen die Menschen auch dem geringsten Holz
ihr Leben an,
und wurden gerettet, nachdem sie die Brandung auf einem
Floß durchquert hatten.
14,6. Denn schon zu Anbeginn, als die hochmütigen Riesen fielen,
nahm die Hoffnung der Welt Zuflucht zu einem Floß
und hinterließ der Welt einen Samen der Schöpfung,
nachdem sie von deiner Hand gesteuert worden war.[35]
14,7. Denn gesegnet ist das Holz, durch das Gerechtigkeit
geschieht;

---

[35] Dieser Vers bezieht sich auf die Erzählung in Gen 6–8 (die Riesen und die Bewahrung Noahs in der Arche).

14,8. das von Hand Gemachte aber:[36]
Verflucht ist es und derjenige, der es gemacht hat,
denn der eine verfertigte es, und das vergängliche andere
wurde Gott genannt.
14,9. Denn Gott sind gleichermaßen der Gottlose
und dessen Gottlosigkeit verhasst;
14,10. denn auch die Tat wird zusammen
mit dem Täter bestraft werden.
14,11. Deshalb werden auch die Götzenbilder
der Völker heimgesucht werden,
denn in Gottes Schöpfung sind sie zum Gräuel geworden
und zum Ärgernis für die Seelen der Menschen
und zur Falle für die Füße der Törichten.

Der trauernde Vater (14,12–21)

14,12. Denn der Anfang vom Götzendienst
ist das Ersinnen von Götzenbildern,
ihre Erfindung aber ist der Untergang des Lebens.
14,13. Denn weder waren sie von Anfang an da,
noch werden sie in Ewigkeit sein;
14,14. denn durch die eitle Ruhmsucht der
Menschen kamen sie in die Welt,
und deswegen ist ihnen ein jähes Ende bestimmt.
14,15. Denn als sich ein Vater mit allzu früher Trauer quälte,
schuf er ein Bild des unversehens
hinweggenommenen Kindes,
verehrte den längst vestorbenen
Menschen nun wie einen Gott
und überließ seinen Untergebenen
Geheimkulte und Weihehandlungen;
14,16. mit der Zeit dann erstarkte der gottlose Brauch
und wurde wie ein Gesetz befolgt.
Und auf Anordnungen von Herrschern hin
wurden die Schnitzereien verehrt;
14,17. weil die Menschen ihre Herrscher nicht direkt
ehren konnten, da sie fernab wohnten,
bildeten sie deren Angesicht aus der Ferne nach
und schufen so ein sichtbares Bild des verehrten Königs,

---

[36] Gemeint ist das hölzerne Götterbild.

um dem Abwesenden mit Eifer zu schmeicheln,
als wäre er anwesend.
14,18. Um dessen Verehrung zu steigern, ermunterte der Ehrgeiz
des Künstlers auch diejenigen dazu, die jenen nicht kannten;
14,19. denn dieser wollte wohl dem Herrscher gefallen
und verschönerte gewaltig dessen Abbild mit seiner Kunst;
14,20. die Menge aber wurde von der Anmut
des Kunstwerks hingerissen,
und hielt den vor kurzem noch als Mensch Geehrten
nun für einen Gegenstand der Verehrung.
14,21. Und dies wurde den Lebenden zum Verhängnis,
denn als Sklaven des Unglücks oder der Gewaltherrschaft
legten die Menschen Steinen und Hölzern den Namen bei[37],
der mit niemandem geteilt werden darf.

Die marode Gesellschaft (14,22–31)

14,22. Später genügte es ihnen nicht, sich hinsichtlich der
Erkenntnis Gottes zu irren,
sondern, obwohl sie in einem großen Krieg
der Unwissenheit lebten,
nannten sie das derart große Übel Frieden.
14,23. Denn indem sie kindermörderische Zeremonien
oder verborgene Geheimkulte
oder wilde Gelage nach außergewöhnlichen Riten begehen,
14,24. halten sie hinfort weder den Lebenswandel
noch die Ehen rein,
vielmehr tötet einer den anderen aus dem Hinterhalt
oder schmerzt ihn durch Ehebruch.
14,25. Alles aber enthält wild durcheinander
Blutvergießen und Mord, Lug und Trug,
Verderben, Untreue, Aufruhr, Meineid,
14,26. Verwirrung der Guten, Vergessen der Dankbarkeit,
Befleckung der Seelen, sexuelle Perversion,
Zerrüttung der Ehen, Ehebruch und Ausschweifung.
14,27. Denn die Verehrung der namenlosen Götzenbilder
ist der Anfang allen Übels, seine Ursache und sein Ende;
14,28. denn entweder geraten sie vor Freude in Raserei
oder sie prophezeien Lügen,

---

37 Nämlich den Namen „Gott“.

entweder leben sie frevelhaft
oder sie schwören schnell falsch;
14,29. denn im Vertrauen auf leblose Götzenbilder
erwarten sie nicht, dass sie Schaden erleiden,
wenn sie falsch schwören.
14,30. In beiderlei Hinsicht aber wird sie
die gerechte Strafe ereilen,
denn sie haben schlecht über Gott gedacht,
weil sie Götzenbildern anhingen,
und mit List falsch geschworen,
weil sie die Frömmigkeit verachteten;
14,31. denn nicht die Macht der Beschworenen[38],
sondern die Bestrafung der Sünder
folgt stets auf die Übertretung der Ungerechten.

Einschub: Gottes Güte und Erbarmen (15,1–6)

15,1. Du aber, unser Gott, bist gütig und wahrhaftig,
bist langmütig und regierst das All mit Erbarmen!
15,2. Denn auch wenn wir sündigen,
sind wir dein, weil wir deine Stärke kennen;
wir werden aber nicht sündigen, weil wir wissen,
dass wir dir gehören!
15,3. Denn dich zu verstehen ist vollkommene Gerechtigkeit,
und deine Stärke zu kennen ist Wurzel der Unsterblichkeit.
15,4. Denn keine arglistige Erfindung
der Menschen hat uns getäuscht,
auch nicht die fruchtlose Arbeit der Schattenmaler[39]
– ein mit verschiedenen Farben gekleckstes Bildnis;
15,5. sein Anblick versetzt den Törichten[40] in Begierde,
und er begehrt die entseelte Gestalt eines toten Bildes.
15,6. Liebhaber des Bösen und solcher Hoffnungen würdig
sind die, die es anfertigen, und die, die es
begehren und verehren.

---

[38] Gemeint sind die beschworenen Götzen.

[39] Die antike Schattenmalerei setzte gezielt die Wirkung des Schattens ein, um in ihren Gemälden eine realistische Tiefenwirkung zu erzeugen.

[40] An dieser Stelle folgt die Übersetzung dem Zeugnis abweichender Handschriften und nicht dem Textvorschlag Zieglers.

Der Töpfer (15,7–19)

15,7. Denn auch ein Töpfer formt, indem
er die weiche Erde mühsam knetet,
jedes einzelne Gefäß zu unserem Dienst;
aus demselben Ton hat er indessen
sowohl die zu reinen Zwecken dienenden Gefäße geformt
als auch die für gegenteilige Zwecke, alle in gleicher Weise;
über den Gebrauch eines jeden einzelnen aber
entscheidet derjenige, der mit dem Ton arbeitet.
15,8. Und zwar formt er in schlechtem Bestreben einen
nichtigen Gott aus demselben Ton;
er, der vor Kurzem aus Erde geschaffen worden ist
und in Kürze dahin geht, woher er genommen wurde,
als einer, dem die geliehene Seele abverlangt ist.
15,9. Aber seine Sorge ist nicht, dass er im Begriff ist zu ermüden,
auch nicht, dass er ein kurzes Leben hat,
sondern er wetteifert mit Goldarbeitern und Silbergießern
und ahmt Kupferschmiede nach
und betrachtet es als Ehre, dass er unechte Dinge formt.
15,10. Asche ist sein Herz, und geringer als Erde seine Hoffnung,
und wertloser als Ton sein Leben,
15,11. denn er verkannte den, der ihn geformt,
und den, der ihm eine kräftige Seele eingehaucht
und lebendigen Geist eingeblasen hatte;
15,12. Vielmehr hielt er unser Dasein für ein Spiel
und unseren Lebenswandel für ein einträgliches Volksfest,
denn man müsse, so sagt er, Gewinn daraus ziehen,
und sei es aus Schlechtem.
15,13. Denn dieser weiß besser als alle anderen, dass er sündigt,
wenn er aus irdischem Stoff zerbrechliche Gefäße
und Schnitzbilder schafft.
15,14. Am unvernünftigsten aber und elender
als die Seele eines Kleinkindes
sind all die Feinde[41] deines Volkes,
die es unterdrückt haben,

[41] Gemeint sind die Ägypter, die auch in Weish 16,4.8.22 als „Feinde“ bezeichnet werden und von denen im Folgenden ausführlich die Rede ist.

15,15. denn sie haben selbst all die Götzenbilder
der Nationen für Götter gehalten,
die weder die Augen zum Sehen benutzen
noch die Nasen zum Einatmen der Luft
noch die Ohren zum Hören
noch die Finger an den Händen zum Betasten,
und deren Füße zum Auftreten unbrauchbar sind.
15,16. Denn ein Mensch hat sie gemacht,
und einer, der seinen Geist nur geliehen hat, hat sie geformt;
denn keiner vermag als Mensch einen Gott zu formen,
der ihm[42] ähnlich ist;
15,17. weil er sterblich ist, schafft er mit
verbrecherischen Händen Totes;
denn er ist mächtiger als seine verehrten Gegenstände;
er selbst lebt, jene aber niemals.
15,18. Sogar die abscheulichsten Tiere verehren sie;
denn im Vergleich sind sie[43] unverständiger als die anderen;
15,19. Nicht einmal schön sind sie, so dass man nach ihnen
Verlangen hätte wie sonst beim Anblick von Tieren,
sie haben sich ja Gottes Lob und seinem Segen entzogen.

Israeliten verglichen mit Ägyptern (16,1–19,12)

Wachteln statt Ungeziefer (16,1–4)[44]

16,1. Deshalb wurden sie[45] zu Recht
durch ähnliche Wesen bestraft
und durch eine Menge von Ungeziefer gequält.
16,2. Anstelle von solcher Strafe hast du deinem
Volk Wohltaten erwiesen,
gegen den Heißhunger hast du ihnen
als ungewöhnliche Kost
Wachteln zur Nahrung bereitet,
16,3. damit jene, wenn sie nach Nahrung verlangten,

---

[42] Nämlich dem (wahren) Gott.

[43] Gemeint sind die Tiere.

[44] Vgl. die zweite Plage in Ägypten nach Ex 7,26–8,11 und die Speisung mit Wachteln nach Ex 16,13 und Num 11,31.

[45] Gemeint sind die Ägypter.

wegen des abscheulichen Anblicks der auf sie
losgelassenen Tiere
den notwendigen Appetit verloren,
diese aber, wenn sie nur ein wenig Mangel litten,
ungewöhnliche Kost erhielten.
16,4. Denn jene Gewaltherrscher sollte unerbittliche Not befallen,
diesen aber nur gezeigt werden, wie ihre Feinde gequält
wurden.

Schlangen statt Stechfliegen und Heuschrecken (16,5–14)[46]

16,5. Denn selbst als die furchtbare Wut
der Wildtiere über sie kam
und sie durch die Bisse tückischer Schlangen umkamen,
blieb dein Zorn nicht bis zum Ende;
16,6. vielmehr wurden sie zur Warnung
für kurze Zeit in Schrecken versetzt,
während sie ein Zeichen der Rettung hatten
zur Erinnerung an das Gebot deines Gesetzes;
16,7. denn wer sich hinwandte[47], wurde nicht durch das,
was er sah, gerettet,
sondern durch dich, den Retter aller.
16,8. Auch dadurch hast du ja unsere Feinde überzeugt,
dass du es bist, der von allem Bösen erlöst;
16,9. denn diese töteten die Bisse von Heuschrecken
und Stechfliegen,
und für ihre Seele fand sich kein Heilmittel,
denn sie verdienten es, von derartigem
Getier bestraft zu werden;
16,10. Deine Söhne aber besiegten nicht einmal
die Zähne giftsprühender Drachen,
denn dein Erbarmen zog neben ihnen her und heilte sie.
16,11. Denn zur Erinnerung an deine Worte wurden sie gestochen

---

46 Vgl. die dritte und vierte Plage in Ägypten nach Ex 8,12–28 (Stechmücken und Stechfliegen) und Ex 10,1–20 (Heuschrecken) sowie die Erzählung von der ehernen Schlange nach Num 21,5–9.

47 Gemeint ist die Hinwendung auf das zuvor genannte „Zeichen der Rettung“, das an die Num 21,8 erwähnte „eherne Schlange“ erinnert und zugleich als Hinwendung auf Gott im Sinne einer Bekehrung zu verstehen ist.

und rasch gerettet,
damit sie nicht in tiefes Vergessen verfielen
und von deiner Wohltat abgelenkt würden.
16,12. Denn weder Kraut noch Pflaster
verschaffte ihnen Linderung,
sondern dein Wort, Herr, das alles heilt!
16,13. Denn du hast Vollmacht über Leben und Tod:
Du führst zu den Pforten des Hades herab und führst herauf;
16,14. tötet aber ein Mensch durch seine Bosheit,
so kann er den entwichenen Geist[48] nicht zurückholen
und die aufgenommene Seele nicht befreien.[49]

Manna statt Blitz und Hagel (16,15–23)[50]

16,15. Deiner Hand zu entfliehen ist unmöglich;
16,16. denn als die Gottlosen leugneten, dich zu kennen,
wurden sie durch die Kraft deines Armes gezüchtigt,
indem sie durch ungewöhnlich starke Regengüsse
und Hagelschauer
sowie durch unerbittliche Gewitterregen verfolgt
und von Feuer verzehrt wurden.
16,17. Denn das Seltsamste war:
In dem Wasser, das alles auslöscht,
wirkte das Feuer noch stärker,
die Weltordnung[51] ist ja Verfechterin der Gerechten;
16,18. denn zuweilen ward die Flamme gezähmt,
damit sie nicht die Tiere verzehrte, die gegen
die Gottlosen abgesandt worden waren;
vielmehr sollten sie selbst sehen und erkennen,
dass sie durch Gottes Gericht gepeinigt werden.
16,19. Zuweilen aber loderte sie auch mitten im Wasser
mit einer Kraft, die die des Feuers übertrifft,
um die Erzeugnisse der ungerechten Erde zu vernichten.
16,20. Dein Volk ernährtest du stattdessen mit Engelsnahrung

---

48 Nämlich den Geist des Getöteten.

49 Gemeint ist die im Hades aufgenommene Seele.

50 Vgl. die siebte Plage in Ägypten nach Ex 9,13–35 sowie die Speisung mit Manna nach Ex 16 und Num 11,6–9.

51 Gott bedient sich der Welt, die seine Schöpfung ist, um Gerechtigkeit herzustellen; vgl. V. 24.

und gewährtest ihnen unermüdlich
fertiges Brot vom Himmel,
das jeden Genuss bot und jedem Geschmack entsprach;
16,21. denn deine Unterstützung[52] bewies deine Freundlichkeit[53]
zu den Kindern,
sie diente der Begierde desjenigen, der sie zu sich nahm,
und verwandelte sich in das, was man wollte.
16,22. Schnee und Eis widerstanden dem Feuer
und schmolzen nicht,
damit sie erkennen sollten, dass die Früchte der Feinde
ein Feuer verdorben hatte, das im Hagelschauer brennt
und überall in den Regengüssen blitzt;
16,23. damit die Gerechten ernährt würden, vergaß dies[54]
wiederum sogar seine eigene Kraft.

Einschub: Die Schöpfung ist dem Schöpfer untertan (16,24–29)

16,24. Denn weil die Schöpfung dir als ihrem Schöpfer dient,
setzt sie sich ein für die Bestrafung der Ungerechten
und mäßigt sich zum Wohle derer, die dir vertrauen.
16,25. Deshalb diente sie auch damals, als sie
sich in alle Dinge verwandelte,
deiner alles ernährenden Gabe
nach dem Willen derer, die baten,
16,26. damit deine Söhne, die du lieb hast, Herr, lernen mögen,
dass nicht die Sorten der Früchte den Menschen ernähren,
sondern dass dein Wort die bewahrt, die dir vertrauen.
16,27. Denn was vom Feuer nicht vernichtet wurde,
das zerschmolz einfach bei der Erwärmung
durch einen flüchtigen Sonnenstrahl,
16,28. damit bekannt werde, dass man der Sonne
zuvorkommen soll, dir Dank zu sagen,
und dass man beim Aufgang des Lichts vor dich treten soll;

---

[52] Das griechische Wort hat ein breites Bedeutungsspektrum; am treffendsten ist die hier gewählte Übersetzung.

[53] Wörtlich „Süße".

[54] Gemeint ist das Feuer.

16,29. denn die Hoffnung des Undankbaren wird wie winterlicher Reif zerschmelzen
und wie unbrauchbares Wasser zerfließen.

Finsternis und Licht (17,1–18,4)

Nacht umfängt die Gesetzlosen (17,1–21)[55]

17,1. Denn groß sind deine Gerichte und schwer zu erzählen;
deshalb sind ungebildete Seelen in die Irre gegangen.
17,2. Denn als die Gesetzlosen meinten, das heilige Volk unterjochen zu können,
lagen sie da als Gefangene der Finsternis
und als Gefesselte einer langen Nacht,
eingeschlossen unter Dächern als Flüchtlinge
vor der ewigen Vorsehung.
17,3. Denn in der Annahme, bei verborgenen Sünden verborgen zu bleiben
unterm lichtlosen Vorhang des Vergessens,
wurden sie zerstreut, furchtbar verschreckt
und durch Trugbilder verstört.
17,4. Denn nicht einmal der hinterste Winkel, der sie barg,
konnte sie in Furchtlosigkeit bewahren,
Geräusche tönten ringsum und trieben sie zurück,
und betrübte Geister mit traurigen Gesichtern erschienen.
17,5. Und keine Kraft des Feuers vermochte zu strahlen,
selbst die leuchtenden Flammen der Sterne
waren nicht imstande, jene schaurige Nacht zu erhellen.
17,6. Ihnen aber erschien nur
ein von selbst brennendes Feuer voller Furchtbarkeit,
und entsetzt über jene nicht wahrnehmbare Erscheinung,
hielten sie das, was sie sahen, für noch schrecklicher.
17,7. Die Lächerlichkeiten ihrer magischen Kunst versagten[56],
und der Beweis für die Prahlerei mit ihrer Klugheit
war schmählich;
17,8. denn diejenigen, die versprachen, die Ängste und Schrecken einer kranken Seele zu vertreiben,
gerade sie krankten an lächerlicher Furcht.

---

55 Vgl. die neunte Plage in Ägypten nach Ex 10,21–23.
56 Vgl. das Versagen der ägyptischen Magier nach Ex 8,14–15; 9,11.

17,9. Denn auch wenn nichts Verstörendes sie ängstigte:
durch das Vorbeiziehen von Ungetümen und das
Zischen von Schlangen herausgescheucht,
17,10. vergingen sie vor Zittern
und weigerten sich sogar,
in die unentrinnbare Luft zu schauen.
17,11. Denn Bosheit bezeugt eigensinnigerweise Feigheit,
wenn sie verurteilt wird,
stets aber zieht sie das Unglück an sich
und wird vom Gewissen geplagt;
17,12. Furcht ist ja nichts anderes als ein Verrat der
Hilfstruppen[57] seitens der Vernunft;
17,13. wenn aber die Hoffnung[58] im Innern abnimmt,
hält man die Unwissenheit für schlimmer als
die Ursache, die die Qual veranlasst.
17,14. Diejenigen aber, die während der wahrhaft machtlosen
und aus den Tiefen des machtlosen Hades herbeige-
kommenen Nacht
denselben Schlaf schliefen,
17,15. wurden teils von Schreckgespenstern geplagt,
teils durch den Verrat[59] der Seele gelähmt;
denn plötzliche und unerwartete Furcht befiel sie.
17,16. Sodann wurde jeder, der einmal dort hineingeraten war,
verhaftet und in den eisenlosen Kerker gesperrt;
17,17. denn ob jemand ein Bauer war oder ein Hirte
oder ein einsam sich abmühender Arbeiter:
Zur Strecke gebracht, harrte er seines
unausweichlichen Schicksals,
17,18. denn alle waren durch diese *eine*
Kette der Finsternis gefesselt;
ob pfeifender Wind
oder wohlklingendes Vogelgezwitscher
auf ausladenden Zweigen

---

[57] Die Rede vom „Verrat der Hilfstruppen" bedient sich des Militärjargons. Die Hilfstruppen, auch Auxiliartruppen genannt, unterstützten die römische Armee. Ein Verrat durch sie konnte verheerende Folgen haben.

[58] Gemeint ist die Hoffnung auf die Hilfe durch Erkenntnis.

[59] Vgl. dasselbe Motiv in V. 12.

oder die gleichmäßige Bewegung des
gewaltig dahinströmenden Wassers
17,19. oder das heftige Getöse herabstürzender Felsen
oder der unsichtbare Lauf umherspringender Tiere
oder der Laut brüllender, wildester Bestien
oder das aus Bergschluchten widerhallende Echo:
Solche Schrecknisse lähmten sie!
17,20. Denn die ganze übrige Welt war
von strahlendem Licht erleuchtet
und mit unbehinderten Werken beschäftigt;
17,21. allein über jene war tiefe Nacht ausgebreitet,
ein Abbild der Finsternis,
die im Begriff war, sie zu empfangen.
Sich selbst aber waren sie eine größere Last
als die Finsternis.

Licht umfängt die Frommen (18,1–4)[60]

18,1. Deine Frommen aber hatten größtes Licht;
als sie[61] zwar deren Stimme hörten, aber keine Gestalt sahen,
priesen sie sie glücklich, weil nicht auch jene hatten leiden
müssen,
18,2. und dankten ihnen, weil sie sich trotz
zuvor erlittenen Unrechts nicht rächten,
und baten wegen ihrer Zwistigkeiten um Verzeihung.
18,3. Dagegen gewährtest du[62] eine feuerflammende Säule:[63]
als Führerin auf unbekannten Reisewegen,
und als unschädliche Sonne für das
ruhmvolle Leben in der Fremde.
18,4. Denn jene verdienten es, des Lichtes beraubt
und in Finsternis gefangengehalten zu werden,
weil sie deine Söhne als Gefangene gehalten hatten,
durch welche der Welt das unvergängliche Licht
des Gesetzes gegeben werden sollte.

---

60 Vgl. Ex 10,23.

61 Gemeint sind die Ägypter.

62 Nämlich den Israeliten.

63 Vgl. Ex 13,21–22; 40,36–38.

Tod in Ägypten und Tod in der Wüste (18,5–25)

Die Gottesstrafe in der Nacht vor dem Auszug (18,5–19)[64]

18,5. Weil sie beschlossen hatten,
die Kleinkinder der Frommen zu töten[65],
und weil nur das eine Kind ausgesetzt und gerettet wurde[66],
hast du ihnen zur Strafe die Schar ihrer Kinder entrissen
und sie alle zusammen im ungestümen Wasser vernichtet.[67]
18,6. Jene Nacht war unseren Vätern im Voraus bekannt,
damit sie sich im sicheren Wissen über die eidlichen
Zusagen freuten, denen sie vertrauten.
18,7. Erwartet wurde von deinem Volk
die Rettung der Gerechten und der Untergang der Feinde;
18,8. denn wodurch du die Gegner straftest,
dadurch hast du uns berufen und verherrlicht.
18,9. Denn heimlich opferten die frommen Kinder der Guten,
und einträchtig verpflichteten sie sich
auf das göttliche Gesetz,
auf dass die Heiligen gleichermaßen an denselben Gütern
und Gefahren ihren Anteil bekämen,
und dabei stimmten sie schon im Voraus
die Lobgesänge der Väter an.
18,10. Dagegen erscholl das misshellige Geschrei der Feinde,
und das klägliche Gejammer über die beweinten Kinder
drang herüber[68];
18,11. nach dem gleichen Recht wurden
der Diener und der Despot bestraft,
und der gemeine Mann erlitt dasselbe wie der König,
18,12. einmütig hatten alle durch denselben Tod[69]
unzählige Tote;
ja nicht einmal fürs Bestatten gab es genügend Lebende,

---

64 Vgl. Ex 12,29–42.
65 Vgl. die Anordnung Pharaos nach Ex 1,15–22.
66 Gemeint ist Mose; vgl. Ex 2,1–10.
67 Vgl. Ex 14,27–28.
68 Nämlich zu den Israeliten.
69 Wörtlich: „durch den *einen* Namen des Todes".

weil mit einem einzigen Schlag ihr hoch angesehenes
Geschlecht ausgelöscht worden war.
18,13. Denn diejenigen, die aufgrund ihrer Giftmischereien bei
allen anderen Dingen[70] ungläubig geblieben waren,
bekannten angesichts der Vernichtung der Erstgeborenen,
dass jenes Volk Gottes Sohn sei.
18,14. Denn als tiefes Schweigen das All umfing,
und es in besonderer Schnelligkeit
Mitternacht geworden war,
18,15. da fuhr dein allmächtiges Wort von den Himmeln herab,
von den königlichen Thronen
als grausamer Krieger mitten in das verruchte Land,
18,16. wobei es als scharfes Schwert dein
ungeheucheltes Gebot trug,
und als es dastand, erfüllte es das All mit Tod,
und es berührte den Himmel, schritt aber auf der Erde.
18,17. Da schreckten sie sogleich die Bilder
grauenhafter Träume auf,
und unerwartete Ängste überfielen sie,
18,18. halbtot wurde der eine hierhin, der andere dorthin geworfen
und zeigte damit an, aus welchem Grund sie starben;
18,19. denn die Träume, die sie verstörten,
hatten ihnen dies zuvor verraten,
damit sie nicht stürben, ohne zu wissen,
warum sie so schwer litten.

Die Gottesstrafe am Morgen nach dem Aufstand in der Wüste (18,20–25)[71]

18,20. Doch auch die Gerechten traf die Erfahrung des Todes,
und die Zerschlagung einer Schar
ereignete sich in der Wüste.
Aber der Zorn währte nicht lange;
18,21. denn eilends trat ein untadeliger Mann[72] als Vorkämpfer auf,
als Waffe seines Priesterdienstes führte er
Gebet und Entsühnung durch Räucherwerk mit sich;
er trat dem Grimm entgegen und setzte dem Unheil ein Ende

---

[70] Nämlich bei den vorangegangenen Plagen.
[71] Vgl. die Plage an den Israeliten nach Num 17,6–15.
[72] Gemeint ist der Hohepriester Aaron; zu ihm vgl. Ex 28.

und bewies so, dass er dein Diener ist;
18,22. er aber besiegte den Hass weder mit Körperkraft
noch mit Waffengewalt,
sondern unterwarf den Peiniger[73] durch das Wort,
indem er die eidlichen Zusagen an die Väter
und ihre Bündnisse in Erinnerung rief.
18,23. Denn als die Toten bereits haufenweise
aufeinander gefallen waren,
trat er dazwischen, schlug den Wutausbruch nieder
und schnitt ihm den Weg zu den Lebenden ab.
18,24. Denn auf seinem bis zu den Füßen wallenden
Gewand sah man die ganze Welt,
und den Ruhm der Väter in vier Reihen auf Steine graviert[74],
und deine Majestät[75] auf dem Diadem seines Hauptes.
18,25. Vor diesen Dingen wich der Verderber zurück,
diese Dinge fürchtete er;
denn allein die Erfahrung des Zorns war genug.

Entscheidung am Roten Meer (19,1–12)[76]

Untergang der Ägypter (19,1–5)

19,1. Die Gottlosen aber traf bis zum Ende unbarmherziger Zorn;
denn er[77] kannte auch ihre Zukunft im Voraus:
19,2. dass sie – nachdem sie ihnen gestattet hatten fortzugehen[78]
und sie hastig fortgewiesen hatten –
sie verfolgen würden, sobald sie es bereuten.
19,3. Denn als sie noch mit ihrer Trauer beschäftigt waren[79],
und noch dazu über den Gräbern der Toten wehklagten,
da fassten sie einen anderen Gedanken von Unverstand

---

[73] Im Hintergrund steht die jüdische Tradition vom Verderberengel, der mit dem Teufel identifiziert wird; vgl. V. 25.

[74] Das Brustschild des Hohenpriesters enthält nach Ex 28 zwölf Edelsteine, auf denen die Namen der zwölf Stämme Israels eingraviert sind.

[75] Nämlich den Gottesnamen.

[76] Vgl. die Schilderung nach Ex 14.

[77] Gemeint ist Gott.

[78] Vgl. Ex 12,31–33. An dieser Stelle weicht die Übersetzung vom von Ziegler gebotenen Text ab.

[79] Wörtlich: „als sie die Trauer noch in Händen hielten“.

und verfolgten diejenigen wie Flüchtlinge, die sie zuvor
unter flehentlichen Bitten fortgedrängt hatten.
19,4. Denn das verdiente Schicksal trieb sie zu diesem Ende
und flößte ihnen das Vergessen der Geschehnisse[80] ein,
damit sie die an ihren Qualen fehlende Strafe hinzufügten
19,5. und damit sie, während dein Volk eine
wunderbare Reise unternahm,
einen ungewöhnlichen Tod fänden.

Durchzug der Israeliten (19,6–12)

19,6. Denn die ganze Schöpfung wurde auf
eigentümliche Weise wieder neu gestaltet,
indem sie deinen Geboten diente,
damit deine Kinder unversehrt bewahrt blieben.
19,7. Zu sehen war die das Lager überschattende Wolke
und aus dem vorher dagewesenen Wasser das
Auftauchen von trockenem Land,
aus dem Roten Meer ein freier Weg
und eine grünende Ebene aus heftiger Brandung;
19,8. diese durchzogen samt dem ganzen Volk
die von deiner Hand Beschützten,
nachdem sie wundersame Vorzeichen gesehen hatten.
19,9. Denn wie Pferde wurden sie geweidet,
wie Lämmer sprangen sie umher,
während sie dich, Herr, ihren Retter, priesen!
19,10. Denn sie erinnerten sich noch an die Umstände
ihres Aufenthalts in der Fremde,
wie das Land anstelle der Schöpfung von Nutztieren
Stechmücken hervorbrachte,
und der Fluss anstelle von Wassertieren
eine Menge Frösche ausspie.
19,11. Und danach sahen sie sogar ein neues Vogelgeschöpf,
als sie, von Verlangen getrieben, um Delikatessen baten;
19,12. denn zur Linderung[81] stiegen für sie vom Meer her
Wachteln auf.[82]

---

[80] Gemeint sind die Plagen.

[81] Nämlich ihres Hungers.

[82] Vgl. Ex 16,13 und Num 11,31.

Sodomiten verglichen mit Ägyptern (19,13–17)[83]

19,13. Doch überraschten die Strafen die Sünder
nicht ohne die durch gewaltige Blitze
zuvor ergangenen Zeichen;
denn zu Recht litten sie aufgrund ihrer eigenen Bosheiten,
hatten sie doch vorsätzlich schlimmsten Fremdenhass
betrieben.
19,14. Denn die einen[84] nahmen die Unbekannten[85]
nicht als Gäste auf;
die anderen[86] aber machten fremde Wohltäter zu Sklaven.
19,15. Und nicht nur das!
Es wird sie[87] eine andere[88] Heimsuchung[89] ereilen,
da sie ja die Fremden feindselig aufnahmen;
19,16. diese[90] aber, die (ihre Gäste) mit Festlichkeiten
empfangen hatten, misshandelten sie, die bereits
gleiche Rechte genossen,
mit furchtbaren Strapazen.
19,17. Da wurden diese[91] auch mit Blindheit geschlagen,
so wie jene[92] an der Tür des Gerechten[93],
als sie von unermesslicher Finsternis
eingeschlossen worden waren,
und ein jeder den Weg zu seiner eigenen Tür suchte.

---

83 In einer letzten Gegenüberstellung wird der Hass der Ägypter auf die Israeliten mit dem Hass verglichen, den die Bewohner Sodoms nach Gen 19 den Gästen Lots entgegenbrachten.

84 Nämlich die Sodomiten.

85 Wörtlich „die Unwissenden“. Zieglers Text ist unverständlich. Eine Handschrift des 10. Jahrhunderts liest: „diese aus Unwissenheit“.

86 Nämlich die Ägypter.

87 Nämlich die Sodomiten.

88 Hier weicht die Übersetzung von Zieglers Text ab.

89 Mit der hier als zukünftig beschriebenen Heimsuchung ist die Vernichtung der Städte Sodom und Gomorra gemeint; vgl. 10,6–8.

90 Nämlich die Ägypter.

91 Nämlich die Ägypter; vgl. Ex 10,22–23.

92 Nämlich die Sodomiten; vgl. Gen 19,11.

93 Der Gerechte ist Lot.

Schluss (19,18–22)

Harmonie der Elemente (19,18–21)

19,18. Denn dass sich die Elemente untereinander verändern,
wie auf dem Saiteninstrument die Töne des Taktes
ihre Bezeichnung wechseln,
obwohl sie immer im Klang bleiben,
das lässt sich genau erschließen aus der Betrachtung
der Geschehnisse:[94]
19,19. denn Landgeschöpfe wurden zu Wassergeschöpfen,
und die Schwimmenden wechselten aufs Land;
19,20. das Feuer verfügte im Wasser über seine eigene Kraft,
und das Wasser vergaß seine Fähigkeit zu löschen;
19,21. Flammen wiederum verzehrten nicht das Fleisch
leicht vergänglicher, darin herumlaufender Tiere,
nicht einmal war die dem Eis ähnliche, leicht zu schmelzende
Art ambrosischer Nahrung[95] zu schmelzen![96]

In allem hast du dein Volk groß gemacht und verherrlicht! (19,22)

19,22. Denn in allem, Herr, hast du dein Volk
groß gemacht und verherrlicht,
und hast es nicht übersehen,
indem du alle Zeit
und allen Orts
geholfen
hast!

---

[94] Nämlich beim Auszug aus Ägypten; zum Folgenden vgl. 16,17–20.

[95] Gemeint ist das Manna.

[96] An dieser Stelle folgt die Übersetzung dem Zeugnis der Handschriften und nicht dem Textvorschlag Zieglers.

Abkürzungen der biblischen Bücher

Die Schriften der Bibel werden in der „Kleinen Bibliothek“ mit folgenden Abkürzungen zitiert (in alphabetischer Reihenfolge):

1. Tenach/Altes Testament

Amos	Buch Amos
1.Chr	1. Buch der Chronik
2.Chr	2. Buch der Chronik
Dan	Buch Daniel
Dtn	Deuteronomium (5. Buch Mose)
Esra	Buch Esra
Est	Buch Ester (Esther)
Ex	Exodus (2. Buch Mose)
Ez	Buch Ezechiel (Hesekiel)
Gen	Genesis (1. Buch Mose)
Hab	Buch Habakuk
Hag	Buch Haggai
Hiob	Buch Hiob (Ijob)
Hld	Hoheslied
Hos	Buch Hosea
Jer	Buch Jeremia
Jes	Buch Jesaja
Joel	Buch Joel
Jona	Buch Jona
Jos	Buch Josua
Klgl	Klagelieder des Jeremia
Koh	Buch Kohelet (Prediger Salomo)
1.Kön	1. Buch der Könige
2.Kön	2. Buch der Könige
Lev	Levitikus (3. Buch Mose)
Mal	Buch Maleachi

Mi	Buch Micha
Nah	Buch Nahum
Neh	Buch Nehemia
Num	Numeri (4. Buch Mose)
Ob	Buch Obadja
Ps	Buch der Psalmen
Ri	Buch der Richter
Rut	Buch Rut (Ruth)
Sach	Buch Sacharja
1.Sam	1. Buch Samuel
2.Sam	2. Buch Samuel
Spr	Buch der Sprüche (Sprüche Salomos)
Zeph	Buch Zephanja

2. Apokryphe bzw. deuterokanonische Schriften

Bar	Buch Baruch
Jud	Buch Judit (Judith)
1.Makk	1. Makkabäerbuch
2.Makk	2. Makkabäerbuch
Sir	Buch Jesus Sirach (Ben Sira)
Tob	Buch Tobit
Weish	Buch der Weisheit (Weisheit Salomos)

3. Neues Testament

Apg	Apostelgeschichte
Eph	Brief an die Epheser
Gal	Brief an die Galater
Hebr	Brief an die Hebräer
Jak	Brief des Jakobus
1.Joh	1. Brief des Johannes
2.Joh	2. Brief des Johannes
3.Joh	3. Brief des Johannes
Joh	Evangelium nach Johannes
Jud	Brief des Judas
Kol	Brief an die Kolosser
1.Kor	1. Brief an die Korinther
2.Kor	2. Brief an die Korinther

Lk	Evangelium nach Lukas
Mk	Evangelium nach Markus
Mt	Evangelium nach Matthäus
Offb	Offenbarung (Apokalypse) des Johannes
1.Petr	1. Brief des Petrus
2.Petr	2. Brief des Petrus
Phil	Brief an die Philipper
Phlm	Brief an Philemon
Röm	Brief an die Römer
1.Thess	1. Brief an die Thessalonicher
2.Thess	2. Brief an die Thessalonicher
1.Tim	1. Brief an Timotheus
2.Tim	2. Brief an Timotheus
Tit	Brief an Titus

Abkürzungen für andere Schriften, die nur in einzelnen Bänden verwendet werden, sind dort erklärt.